小企业会计岗位实操大全

（流程＋做账＋税法＋财报）

会计真账实操训练营◎编著

中国铁道出版社有限公司

CHINA RAILWAY PUBLISHING HOUSE CO., LTD.

图书在版编目（CIP）数据

小企业会计岗位实操大全：流程＋做账＋税法＋财报/
会计真账实操训练营编著．—北京：中国铁道出版社有限
公司，2023.1

ISBN 978-7-113-29475-5

Ⅰ.①小… Ⅱ.①会… Ⅲ.①中小企业-企业会计-基本
知识 Ⅳ.①F276.3

中国版本图书馆 CIP 数据核字（2022）第 132730 号

书　　名：**小企业会计岗位实操大全：流程＋做账＋税法＋财报**
　　　　　XIAO QIYE KUAIJI GANGWEI SHICAO DAQUAN：LIUCHENG＋ZUOZHANG＋
　　　　　SHUIFA＋CAIBAO

作　　者：会计真账实操训练营

责任编辑：王淑艳　　　　　电话：（010）51873022　　　电子邮箱：554890432@qq.com
封面设计：宿　萌
责任校对：安海燕
责任印制：赵星辰

出版发行：中国铁道出版社有限公司（100054，北京市西城区右安门西街 8 号）
印　　刷：三河市宏盛印务有限公司
版　　次：2023 年 1 月第 1 版　　2023 年 1 月第 1 次印刷
开　　本：710 mm×1 000 mm 1/16　印张：13.25　字数：217 千
书　　号：ISBN 978-7-113-29475-5
定　　价：69.80 元

前 言

至 2021 年末，我国中小企业数量多达 4 700 万家，占企业数量的 99％。中小企业是现代国民经济的重要组成部分，有着广泛的社会经济基础，并且在数量上占据绝对优势，中小企业是促进就业、改善民生、稳定社会、发展经济、推动创新的基础力量。提供大量的城镇就业岗位，并且 80％以上的新产品开发都由中小企业完成，可见中小企业在国民经济中的地位极其重要。

《小企业会计岗位实操大全：流程＋做账＋税法＋财报》是针对中小企业的业务特点编写，从实践的角度出发，通过小企业一个月完整的具体业务，主要是成本归集、材料采购、销售收入、费用核算、工资发放、税金缴纳等展示小企业的核算过程。

这本书最大的特点如下：

（1）尽量减少文字叙述，把一些条文尽可能以图片、表格的形式归纳呈现，看着清晰简明，为理解和记忆提供方便。

（2）把大量的原始凭证呈现在读者面前，为读者营造一个真实的工作场面。如果看完此书去从事会计工作，一定会驾轻就熟。

（3）对于刚从事会计工作的人员来说，本书最为实用，比一般只是零星描述，散乱举例的教材要实用得多，其根据真实的原始凭证，来填制记账凭证，再根据记账凭证来登记账簿。这就是手把手教你处理业务，如果把这本书裁剪装订，就是一本凭证，一本账册。这些就是会计的日常工作内容。

（4）本书从一个企业开始建账写起，到制单、记账、对账、结账、生成报表、报表分析等具体账务处理，都一一用企业发生的真实业务来完成，每笔业务从制单分录到填制报表，前呼后应、息息相关、环环相扣，让读者有一个清晰的脉络，对会计工作也有了一个全面系统的认识。

　　本书既可以作为老会计随查随用的资料书，也可以作为新手上路的入门书。由于作者水平有限，书中难免存在疏漏和错误之处，恳请读者批评指正。

编　者

目　录

第三章　小企业会计的具体操作实例

第四章　记账与结账

第五章　编制会计报表

第六章　关账前涉税风险自查

参 考 文 献

第一章
认识小企业会计

本章主要介绍小企业划分标准、特点及会计核算原则。

1.1　什么是小企业

小企业是相对于大企业而言的概念。小企业一般是指规模较小或处于创业和成长阶段的企业，包括规模在规定标准以下的法人企业和自然人企业。

1.1.1　小企业划分标准

小企业是按照工信部联企业 2011 年 6 月 18 日发布的《中小企业划分标准规定》（〔2011〕300 号）划分的，表 1-1 为中小企业具体划分标准。

表 1-1　中小微企业划分标准

行业类别	中型企业	小型企业	微型企业
工业	从业人员 300 人以上，且营业收入 2 000 万元以上	从业人员 20 人以上，且营业收入 300 万元以上	从业人员 20 人以下或营业收入 300 万元以下
建筑业	营业收入 6 000 万元以上，且资产总额 5 000 万元及以上	营业收入 300 万元以上且资产总额 300 万元及以上	营业收入 300 万元以下或资产总额 300 万元以下
批发业	从业人员 20 人及以上，且营业收入 5 000 万元及以上	从业人员 5 人及以上，且营业收入 1 000 万元及以上	从业人员 5 人以下或营业收入 1 000 万元以下
零售业	从业人员 50 人及以上，且营业收入 500 万元及以上	从业人员 10 人及以上，且营业收入 100 万元及以上	从业人员 10 人以下或营业收入 100 万元以下

行业类别	中型企业	小型企业	微型企业
交通运输业	从业人员300人以上，且营业收入3 000万元及以上	从业人员20人及以上，且营业收入200万元及以上	从业人员20人以下或营业收入200万元以下
仓储业	从业人员100人以上，且营业收入1 000万元以上	从业人员20至200人，且营业收入100万～1 000万元	从业人员20人以下或营业收入100万元以下
住宿、餐饮业	从业人员100人及以上，且营业收入2 000万元及以上	从业人员10人及以上，且营业收入100万元以上	从业人员10人以下或营业收入100万元以下
信息传输业	从业人员100人及以上，且营业收入1000万元及以上	从业人员10人及以上，且营业收入100万元及以上	从业人员10人以下或营业收入100万元以下
软件和信息技术服务业	从业人员100人及以上，且营业收入1 000万元及以上	从业人员10人及以上，且营业收入50万元及以上	从业人员10人以下或营业收入50万元以下
房地产开发经营	营业收入1 000万元及以上，且资产总额5 000万元及以上	营业收入100万元及以上，且资产总额2 000万元及以上	营业收入100万元以下或资产总额2 000万元以下
物业管理	从业人员300人及以上，且营业收入1 000万元以上	从业人员100人以上，且营业收入500万元以上	从业人员100人以下或营业收入500万元以下
租赁和商务服务业	从业人员100人以上，且资产总额8 000万元以上	从业人员10人以上，且资产总额100万元以上	从业人员10人以下或资产总额100万元以下
邮政业	从业人员300人及以上，且营业收入2 000万元及以上	从业人员20人及以上，且营业收入100万元及以上	从业人员20人以下或营业收入100万元以下
其他未列明行业	从业人员100人及以上	从业人员10人及以上	从业人员10人以下

2019年1月14日，国务院新闻办公室新闻发布会称：放宽小型微利企业标准认定条件，放宽后的条件为：从事国家非限制和禁止行业且同时符合企业资产总额 5 000 万元以下、从业人数 300 人以下、应纳税所得额 300 万元以下。

另外，2019年1月9日国务院常务委员会决定：小型微利企业年应纳税所得额不超过 100 万元、100 万元到 300 万元的部分，分别减按 25％、50％计入应纳税所得额，按 20％的税率缴纳企业所得税使税负降至 5％和 10％。该优惠政策暂定 3 年。

《关于实施小型企业和个体工商户所得税优惠政策的公告》

（财政部 税务总局公告 2021 年第 12 号）规定：

2021 年 1 月 1 日至 2022 年 12 月 31 日，对小型微利企业年应纳税所得额不超过 100 万元的部分，减按 12.5％计入应纳税所得额，按 20％的税率缴纳企业所得税。

《关于进一步实施小型企业所得税优惠政策的公告》（财政部 税务总局公告 2022 年第 13 号）规定：

2022 年 1 月 1 日至 2024 年 12 月 31 日，对小型微利企业年应纳税所得额超过 100 万元但不超 300 万元的部分，减按 25％计入应纳税所得额，按 20％的税率缴纳企业所得税。

2021 年小型微利企业年应纳税所得额不超过 100 万元部分，超过 100 万元不超过 300 万元部分实际税负分别为 2.5％和 10％。

2022 年小型微利企业年应纳税所得额不超过 100 万元部分，超过 100 万元不超过 300 万元部分实际税负分别为 2.5％和 5％。

注意，以下三类企业不能划分为小企业：

- 股票或债券在市场上公开交易的小企业
- 金融机构或其他具有金融性质的小企业
- 企业集团内的母公司和子公司

各企业可以根据上述标准，在核算时选择相应的企业会计制度进行核算。

小贴士

小企业会计与小规模纳税人并不等同，小规模纳税人这一概念是相对于增值税这一税种而言的，按会计核算水平和经营规模，将增值税纳税人分为一般纳税人和小规模纳税人两类纳税人。从2018年5月1日起，增值税小规模纳税人标准为年应征增值税销售额500万元及以下。

1.1.2 小企业会计特点

与一般企业相比，小企业会计特点如下：

☑ 资产主要采用成本计价，不计提减值准备

☑ 出租出借包装物不结转成本

☑ 盘盈盘亏不论哪种情况均通过营业外收支

☑ 收入确认根据销售方式和结算方式，不再强调风险和报酬转移

☑ 小企业坏账发生时直接计入营业外支出

☑ 接受捐赠和外币折算差额，不再形成资本公积

☑ 周转材料采用一次摊销法，金额较大时采用分次摊销

☑ 不用编制所有者权益变动表

小企业会计与一般企业会计在实务中的区别如下：

（1）适用范围不同。小企业可以选择执行《企业会计准则》，一旦选择《企业会计准则》，就不能再选择《小企业会计准则》。

（2）会计科目设置不同。小企业会计少设了 25 个一级科目。

（3）账务处理不同。对资产清查、减值准备、长期投资、所得税等都采用了简易处理的原则。

（4）财务报告不同。小企业由于业务简单，在编报表时删除了部分项目。

1.2 小企业会计核算的基本原则

小企业会计核算基本原则包括会计基本假设、信息质量要求、会计要素等。

1.2.1　小企业会计基本假设

小企业会计基本假设和一般会计一样，包括四部分：会计主体、持续经营、会计分期和货币计量。

（1）会计主体。小企业会计确认、计量和报告的空间范围，是会计为其服务的特定单位。

（2）持续经营。在可以预见的将来，小企业将会按当前的规模和状态继续经营下去，不会停业，也不会大规模消减业务。

（3）会计分期。将一个小企业持续不断的生产经营活动划分为一个个连续的、长短相同的期间。

（4）货币计量。会计主体在财务会计确认、计量和报告时以货币计量，反映会计主体的生产经营活动。

1.2.2　小企业会计信息质量要求

会计信息质量要求是对小企业财务报表中所提供会计信息质量的基本要求，是使财务报表所提供会计信息对投资者等使用者决策有用应具备的基本特征。

（1）可靠性：保证会计信息真实可靠、内容完整。

（2）相关性：与报表使用者经济决策需要相关。

（3）可理解性：清晰明了便于报表使用者理解使用。

（4）可比性：会计信息相互可比。

（5）实质重于形式：以经济实质进行确认、计量、报告。

（6）重要性：反映所有重要的交易或事项。

（7）谨慎性：确认、计量、报告时持谨慎态度。

（8）及时性：及时进行确认、计量、报告。

1.2.3　小企业会计要素

会计要素是根据交易或事项的经济特征所确定的财务会计对象的基本分类。

一、资产

1. 资产的定义

《小企业会计准则》规定，资产指小企业过去的交易或者事项形成的、由小企业拥有或者控制的、预期会给小企业带来经济利益的资源。小企业的资产应当按照成本计量，不计提资产减值准备。

2. 小企业资产的特征

（1）资产是由过去的交易或者事项所形成。

只有过去的交易或事项才能产生资产，小企业预期在未来发生的交易或事项不形成资产。

例如：永胜机械有限公司 2021 年用银行存款和贷款购买土地，建设厂房，购买设备与原材料。土地、厂房、设备、原材料都是企业的资产，是实实在在存在的。永胜机械有限公司经过筹建期，正式生产运营，并与大同厂签订购货合同，在半年后交货。货款在商品交付后 7 日内支付。这个购买行为尚未发生，就不符合资产的定义，因此不能确认为资产。

（2）资产是小企业拥有或控制的资源。

资产作为一项资源，应为小企业拥有或者控制。一般小企业享有资源的所有权，如果没有所有权，也要有实际控制权，并且能从资产中获利。

例如：永胜机械有限公司融资租入一项固定资产，虽然对固定资产没有所有权，但控制了该资产的使用权，并能为企业带来经济利益，此固定资产应该做为企业的资产来管理。

（3）资产预期会给小企业带来经济利益。

这是指资产直接或间接导致现金流入小企业的潜力。带来经济利益的形式，可以是现金形式，也可以是能转化为现金的形式，或者是可以减少现金流出的形式。

例如：永胜机械有限公司购买固定资产和原材料，是为了生产产品用，产品对外出售收回货款，可以为企业带来经济利益，所以作为资产进行管理。

但如果前期已经确认为资产的原材料，由于盘亏，就不能再为企业带来经济利益，所以就要从资产中转入损益类科目里，不能再作为资产进行管理。

3. 资产的确认条件

能够成为小企业的资产，除了符合上述资产定义的三个特征外，还要同时满足以下两个条件，才能确认为资产。

（1）与该资产有关的经济利益很有可能流入小企业。

预期会给企业带来经济利益是资产的一个特征，但现实生活中，经济环境瞬息万变，经济利益能否流入、流入多少往往带有一定的不确定性，所以要根据实际情况对经济利益的流入程度做正确的判断，及时调整资产的变化。

（2）该资产的成本或者价值能够可靠计量。

"可靠计量"在某些情况下也可理解为合理的估计。

这个条件很简单，如果取得的资产，无法计量，我们是无法记录的，当然就不能计入资产科目。例如买入的原材料，必须有确定或估计的金额时，我们才能入账，才能作为资产进行管理。

4. 小企业资产的分类

小企业资产按照流动性，可分为流动性资产和非流动性资产。

（1）流动性资产：货币资金、短期投资、应收账款、应收票据、预付账款、应收股利、应收利息、其他应收款、存货、一年内到期的非流动资产、其他流动资产。

（2）非流动性资产：长期债券投资、长期股权投资、固定资产、在建工程、累计折旧、固定资产清理、无形资产、累计摊销、长期待摊费用、开发支出、其他非流动资产。

5. 小企业资产的计量

《小企业会计准则》第六条规定，小企业的资产应当按照成本计量，即采用单一的历史成本计量模式。小企业经营项目单一，持有资产的类型较少。因此，采用历史成本计量，比较简单方便，更有利于小企业的管理。

另外，小企业与一般企业一个很大的不同之处是：小企业不计提资产减值准备。这与税法规定一致，不用进行纳税调整，简化了小企业的财务核算。

二、负债

1. 负债的定义

负债是指小企业过去的交易或者事项形成的，预期会导致经济利益流出小企业的现时义务。

2. 小企业负债的特征

（1）负债是小企业承担的现时义务。

负债必须是小企业承担的现时义务，它是负债的一个基本特征。未来发生的交易或者事项形成的义务，不属于现时义务，不应当确认为负债。

（2）负债预期会导致经济利益流出小企业。

只有小企业在履行义务时会导致经济利益流出企业的，才符合负债的定义。如果不会导致小企业利益流出企业，就不符合负债的定义。例如：用银行存款偿还负债，将负债转为资本等。

（3）负债是由小企业过去的交易或事项形成的。

小企业在未来发生的承诺、签订的合同等交易或事项，不形成负债。

（4）负债是能用货币计量或合理估计的义务。

一项负债一般有确切的金额进行计量，如果不能确切计量，也要能合理估计金额进行计量。

3. 小企业负债的分类

小企业负债按照流动性，可分为流动性负债和非流动性负债。

（1）流动性负债：短期借款、应付票据、应付账款、应付职工薪酬、应交税费、预收账款、应付利息、应付利润、其他应付款、其他流动资产。

（2）非流动性负债：长期借款、长期应付款、递延收益、其他非流动负债。

三、所有者权益

所有者权益，指小企业资产扣除负债后由所有者享有的剩余权益。所有者权益是小企业投资人对小企业净资产的所有权。它受总资产和总负债变动的影响而发生增减变动。小企业的所有者以其出资额比例可以分享小企业的利润。与此同时，所有者也必须以其出资额承担小企业的经营风险。

小企业的所有者权益包括：实收资本（或股本）、资本公积、盈余公积和未分配利润。实收资本和资本公积是所有者直接投入到小企业中的资产，而盈余公积和未分配利润是小企业在生产经营过程中的利润留存，因此两者合称为留存收益。

资产负债的平衡公式为：

$$资产－负债＝所有者权益＝净资产$$

小企业编制资产负债表，以此公式为基础。

四、收入

1. 收入的定义

收入，是指小企业在日常生产经营活动中形成的、会导致所有者权益增加、与所有者投入资本无关的经济利益的总流入。

2. 小企业收入的特点

（1）收入是在小企业日常经营活动中形成的。

例如：永胜机械有限公司处置固定资产，不是日常经营活动，所得不能作为收入处理，而应确认为营业外收入。

（2）与收入相关的经济利益流入应当会导致所有者权益的增加。

例如：永胜机械有限公司向银行借款，会导致经济利益的流入，但没有使所有者权益增加，而是增加了现时义务，所以确认为负债。

（3）收入是与所有者投入资本无关的经济利益的总流入。

例如：A企业向永胜机械有限公司投入的资本，不能作为收入确认，而应该确认为所有者权益。

3. 小企业收入的划分

根据小企业从事日常经营活动的性质，可以将小企业的收入分为销售商品收入和提供劳务收入。

小企业对收入的确认，必须满足以下两个条件：

（1）物权的转移，表现为发出商品。

（2）收到货款或者取得收款权利。

例如：甲企业向乙企业销售一批商品，该商品已经发出，但乙企业由于资金周转困难，暂时无法支付货款。甲公司也知道乙公司的实际情况，但为了减少库存，也为了维持和乙公司的关系，所以把货发给了乙公司，但甲公司对于这项业务，不能确认为收入，只有乙公司资金好转，甲公司取得货款或收款权利时，才能确认为收入。

五、费用

1. 费用的定义

费用，指小企业在日常生产经营活动中发生的、会导致所有者权益减少、与向所有者分配利润无关的经济利益的总流出。

2. 小企业费用的特点

（1）费用是小企业在日常生产经营活动中发生的经济利益的总流出。

例如：小企业处置固定资产、对外捐赠等，这些活动事项形成的经济利益的总流出属于小企业的损失而不是费用。

（2）费用会导致所有者权益的减少。

例如：费用可能导致资产的减少，如银行存款、库存商品减少等，也可能导致负债的增加，如应付税费、应付职工薪酬的增加，都将导致所有者权益的减少。

（3）费用与所有者分配利润无关。

虽然向所有者分配利润会导致所有者权益的减少，但这种支出不属于费用范畴。

3. 费用的分类

小企业费用包括：营业成本、税金及附加、管理费用、财务费用、营业费用等。

六、利润

利润，指小企业在一定会计期间的经营成果。包括：营业利润、利润总额和净利润。

1. 营业利润

营业利润，是指营业收入减去营业成本、税金及附加、销售费用、管理费用、财务费用，加上投资收益（或减去投资损失）后的金额。其计算公式如下：

营业利润＝营业收入－营业成本－税金及附加－销售费用－管理费用－财务费用－投资损失（＋投资收益）

2. 利润总额

利润总额，指营业利润加上营业外收入，减去营业外支出后的金额。其计算公式如下：

利润总额＝营业利润＋营业外收入－营业外支出

3. 净利润

净利润，指利润总额减去所得税费用的的净额。其计算公式如下：

净利润＝利润总额－所得税费用

1.3 小企业会计工作流程

小企业会计的基本工作流程，就是按照国家规定的会计制度，运用一定的会计方法，对业务数据进行记录、计算、汇总、报告，从编制会计凭证、登记会计账簿到形成会计报表的过程。

1.3.1 建账及会计凭证

本节主要介绍小企业如何建账以及会计凭证的分类及内容审核等内容。

1. 建账

企业根据具体行业要求和将来可能发生的会计业务情况，购置所需要的账簿，然后根据日常发生的业务情况和会计处理程序登记账簿。建账环节一般在年初或企业开办时进行，日常一般不再进行。

小企业会计一般只设一本现金日记账，根据银行账号设置相应的银行存款日记账，或再设一本总分类账，根据业务需要再设相应的明细分类账。存货类的明细账要用数量金额式的账页；收入、费用、成本类的明细账要用多栏式的账页；其他的基本全用三栏式账页。

2. 会计凭证

会计凭证是记录经济业务事项发生或完成情况的书面证明，是登记账簿的依据。通过填制或取得会计凭证，可以明确经济责任。

会计凭证按其填制的程序和用途不同，可分为原始凭证和记账凭证。

（1）原始凭证应具备 7 项基本要素：原始凭证名称，填制原始凭证的日期，接受原始凭证的单位名称，经济业务内容，数量、单价、金额等，填制单位盖章等，有关人员签章。

把上述原始凭证应具备的要素运用到实际工作中，如图 1-1 所示、

图 1-1　原始凭证要素

我们已经知道了原始凭证应具备的基本内容，就可以根据这些要素条件来审核原始凭证，只有通过审核合格的原始凭证才能进行业务处理，所以会计必须学会审核凭证。

原始凭证的具体审核内容如下：

①审核出具发票的单位名称。发票名称与经济内容是否相等；与本单位是否有业务往来；发票内容与售货单位的经营范围是否相等。

②审核发票的抬头。是否为本单位名称，文字是否正确。

③审核发票数字金额。数量乘以单价是否等于金额，大小写是否一致。

④审核发票编号。看发票是否连号，尤其是报销车票，连号表明是假报销。

⑤审核发票印章。是否有税务监制章；是否有发票专用章；是否有经办人印章，只有印章齐全才能报销。

⑥审核发票备注。如果备注里有"违章罚款，不得报销"或"滋补药品，费用自理"等字样，不予报销。

⑦审核发票手续。报销发票，要有批准人、经手人等签字，如没有则需补齐手续。

（2）记账凭证应具备的基本要素。

①记账凭证名称。

②填制记账凭证的日期。

③记账凭证的编号。

④经济业务事项的内容摘要。

⑤经济业务的事项所涉及的会计科目及其记账方向。

⑥经济业务事项的金额。

⑦记账标记。

⑧所附原始凭证的张数。

⑨会计主管、记账、审核、出纳、制单等有关人员的签章。

记账凭证应具备的要素如图 1-2 所示。

图 1-2　记账凭证要素

图中标注：① 记账凭证名称　② 记账凭证日期　③ 凭证编号　④ 业务内容摘要　⑤ 会计科目　⑥ 金额　⑦ 记账标记　⑧ 附件张数　⑨ 有关人员签章

记 账 凭 证
2022 年 1 月 9 日　　　　制单编号

摘要	会计科目	明细科目	借方金额	贷方金额	记账
采购钢材	原材料	钢材	1 5 8 0 0 0 0 0		√
	应交税费	增值税–进项税	2 0 5 4 0 0 0		√
	应付账款	鑫源钢材公司		1 7 8 5 4 0 0 0	√
合计			¥1 7 8 5 4 0 0 0	¥1 7 8 5 4 0 0 0	

附单据张数 1 张

会计主管：刘永忠　记账：赵刚　出纳：姜斌　审核：马庆　制单：宋广义　领缴款人：

（3）编制记账凭证。

记账凭证是会计人员根据审核无误的原始凭证按照经济业务事项的内容加以归类，并据以确定会计分录后，所填列的会计凭证，是登记账簿的直接依据。根据会计恒等式：有借必有贷、借贷必相等的原则进行编制。编制记账凭证时，要把所依据的原始凭证附在记账凭证后面。有些记账凭证不用附原始凭证，如结转成本费用凭证、更正错误的凭证等。

记账凭证可分为专用记账凭证和通用记账凭证，为了便于分清业务性质，本书采用专用记账凭证来记录业务。专用记账凭证就是根据其业务是否与收付现金及银行存款有关，将凭证分为收款凭证、付款凭证、转账凭证三种，收款凭证一般为红色，付款凭证一般为蓝色，转账凭证一般为黑色或绿色。转账凭证就是记录与现金和银行存款无关的各类业务。

①记账凭证编制的基本要求如下：

• 各项内容必须完整。

• 凭证应连续编号，一笔业务需编制两张以上凭证的，可以采用分数编号法编号，如：5 1/2。

• 凭证的书写应清楚、规范。

• 记账凭证可以根据一张原始凭证填制，也可以根据多张原始凭证汇总编制，但不得将不同内容的原始凭证进行汇总填制在一张记账凭证上。

• 除结转损益和更正错误的记账凭证可以不附原始凭证，其他记账凭证必须附原始凭证。

• 填制凭证时如发现错误应重新填制，如果已记账，要用正确更正方法进行处理。

• 记账凭证填制完后，应在最后一笔金额后至合计金额处划线注销。

②记账凭证附件的处理。

记账凭证附件应区分不同情况进行处理如下：

• 一张记账凭证后面只有一张原始凭证的，将原始凭证直接附在记账凭证后面。

• 结转损益和更正错误的记账凭证，可以不附原始凭证。

• 一张原始凭证所列费用需要几个单位共同负担的，原始凭证由本单位保留，给其他单位开原始凭证分割单。

• 一张原始凭证涉及几张记账凭证的：可以将原始凭证附在一张主要的记账凭证后面，然后在其他记账凭证上注明该记账凭证的编号即可；也可以将原始凭证附在一张主要的记账凭证后面，然后在其他记账凭证后面附上该原始凭证的复印件。

③记账凭证附件张数计算方法。

• 对所附原始凭证能全面反映经济业务的，按自然张数计算。

• 对原始凭证不能全面反映经济业务，需在附件中进行补充说明的，在原始凭证上注明附件张数，附件不计入原始凭证张数计数。

• 对一些原始凭证进行汇总粘贴的，如差旅费报销单等，在报销单上注明车票等张数，报销单做为一张原始凭证计算。

④记账凭证的审核。

记账凭证是登记账簿的依据，为了保证账簿登记的正确性，所有填制好的记账凭证，都必须经过其他会计人员认真的审核。只有经过审核无误后的记账凭证，才能作为登记账簿的依据。

记账凭证的具体审核要求如下：

• 填制凭证的日期是否正确。

• 凭证是否编号，编号是否正确。

• 经济业务摘要是否正确地反映了经济业务的基本内容。

• 会计科目的使用是否正确，总账科目和明细科目是否填列齐全。

- 记账凭证所列金额计算是否准确，书写是否清楚、符合要求。
- 所附原始凭证的张数与记账凭证上填写的所附原始凭证张数是否相符。
- 填制凭证人员、稽核人员、记账人员、会计机构负责人签名是否齐全。

1.3.2　登记账簿

单位各项经济业务编制完记账凭证后，应把各分录借贷方金额登记到各账户的借贷方上，这个过程就是"记账"。通过记账，可以把凭证上的数据进行分类记录汇总，为编制会计报表提供依据。

1. 书写要求

登记账簿的基本要求如下：

（1）必须根据审核无误的会计凭证，及时地登记各类账簿，以保证账簿记录的正确性。

（2）以下情况可以用红字记账：①冲销错误记录；②在不设借贷栏的多栏式账页中，登记减少数；③三栏式账页中，在余额栏内用红字登记，表示负数；④注销空行或空页；⑤日结、月结或年结时，用于结账划线。

（3）记账时，将凭证上相应的资料一一登记到账簿上，数字准确，摘要简明清晰，字迹工整。

（4）记账时，文字和数字一般占格距的 1/2，防止记错时改正。

（5）登记完毕后，在记账凭证上划"√"，表明已记账，以免漏记或重记。

（6）有余额的账户要在借贷栏标注借贷方向，如果余额为 0，就标注为"平"。

（7）记账时要逐页逐行进行登记，不得隔行或跳页；如发生隔行或跳页，要划对角红线注销。

（8）一页记满时，在最后一行摘要栏内注明"过次页"，并在相应的借贷方及余额栏内结计出金额；在下页第一行摘要栏内注明"承前页"，将前页结计金额记入到相应栏次内。

（9）记账错误时，必须用正确的方法进行更正，不得涂改、挖补、粘贴、消除字迹等。

关于（8）"过次页"金额，损益类账户需结计"本月合计"及"本年累计"；
日记账及多栏账只需结计"本月合计"，不需结计"本年累计"；总分类账只需结
计"本年合计"；其他账户既不需结计"本月合计"，也不需结计"本年累计"。

2. 登记账簿流程

登记账簿的流程如图 1-3 所示。

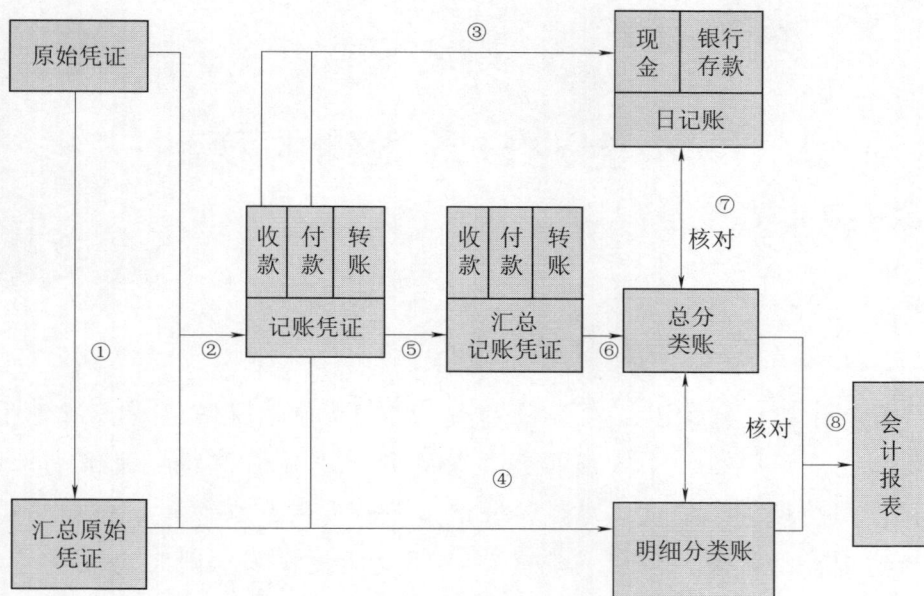

图 1-3　记账流程图

第二章
小企业日常缴纳的税种

　　据统计，目前我国正在征收的税种有 18 种，即增值税、消费税、关税、企业所得税、个人所得税、房产税、土地增值税、城镇土地使用税、车船税、印花税、契税、城市维护建设税、资源税、船舶吨税、车辆购置税、耕地占用税、烟叶税、环境保护税等。国家为了企业发展，为了支持小企业，对部分税种进行调整，为了让读者更清晰地了解国家的政策，现就本书所涉及税种进行进一步解析说明。

2.1　增　值　税

增值税均实行比例税率：绝大多数一般纳税人适用基本税率、低税率或零税率；小规模纳税人和采用简易办法征税的一般纳税人，根据财税〔2014〕57号的规定，为进一步规范税制、公平税负，经国务院批准，决定简并和统一增值税征收率，将6％和4％的增值税征收率统一调整为3％。

2.1.1　增值税税率

目前，根据财政部、税务总局、海关总署《关于深化增值税改革有关政策的公告》规定：

> 一、一般纳税人（以下称纳税人）发生增值税应税销售行为或者进口货物，税率为13％和9％。
>
> 二、纳税人购进农产品，扣除率为9％。纳税人购进用于生产或者委托加工的农产品，按照10％的扣除率计算进项税额。
>
> 三、出口货物劳务，出口退税率为13％；原适用10％税率且出口退税率为10％的出口货物、跨境应税行为，出口退税率调整为9％。
>
> 四、境外旅客购物离境退税物品，退税率为11％；适用9％税率的境外旅客购物离境退税物品，退税率为8％。

2.1.2　征收范围

增值税具体征收范围见表2-1。

表 2-1　增值税征收范围

纳税人	应税行为	具体范围			税率或征收率
小规模纳税人		包括原增值税纳税人和"营改增"纳税人，从事货物销售，提供增值税加工、修理修配劳务，以及"营改增"各项应税服务			征收率3%
一般纳税人	销售货物	销售或者进口货物（另有列举的货物除外）；提供加工、修理修配劳务			13%
		1.粮食、食用植物油、食用盐			9%
		2.自来水、暖气、冷气、热气、煤气、石油液化气、天然气、沼气、居民用煤炭制品			
		3.图书、报纸、杂志、音像制品、电子出版物			
		4.饲料、化肥、农药、农机（整机）、农膜			
		5.国务院规定的其他货物			
		6.农产品（指各种动植物初级产品）；二甲醚、食用盐			
		7.出口货物			0
	销售服务	交通运输业	陆路运输服务	铁路运输服务	9%
				其他陆路运输服务	
			水路运输服务	程租业务	
				期租业务	
			航空运输服务	航空运输的湿租业务	
			管道运输服务	无运输工具承运业务	
		邮政服务	邮政普遍服务（包括邮票报刊汇款）	函件	9%
				包裹	
			邮政特殊服务	邮政特殊服务	
			其他邮政服务	邮册等邮品销售、邮政代理等	
		电信服务	基础电信服务	基础电信服务	
			增值电信服务	增值电信服务	6%
		建筑服务	工程服务	工程服务	9%
			安装服务	安装服务	
			修缮服务	修缮服务	
			装饰服务	装饰服务	
			其他建筑服务	其他建筑服务	

纳税人	应税行为	具体范围			税率或征收率
一般纳税人	销售服务	金融服务	贷款服务	贷款	6%
				融资性售后回租	
			直接收费金融服务	直接收费金融服务	
			保险服务	人身保险	
				财产保险	
			金融商品转让	金融商品转让	
				其他金融商品转让	
		现代服务	研发和技术服务	研发服务	6%
				合同能源管理服务	
				工程勘察勘探服务	
				专业技术服务	
			信息技术服务	软件服务	6%
				电路设计及测试服务	
				信息系统服务	
				业务流程管理服务	
				信息系统增值服务	
			文化创意服务	设计服务	6%
				知识产权服务	
				广告服务	
				会议展览服务	
			物流辅助服务	航空服务	航空地面服务	6%
					通用航空服务
				港口码头服务	
				货运客运场站服务	
				装卸搬运服务	
				仓储服务	
				收派服务	

纳税人	应税行为	具体范围			税率或征收率
一般纳税人	销售服务	现代服务	租赁服务	融资租赁服务（注意区分融资性售后回租）	13%
					9%
				经营租赁服务 有形动产经营服务	13%
				经营租赁服务 不动产经营租赁服务	9%
			鉴证咨询服务	认证服务	6%
				鉴证服务	
				咨询服务	
			广播影视服务	广播影视节目（作品）制作服务	6%
				广播影视节目（作品）发行服务	
				广播影视节目（作品）播映服务	
			商务辅助服务	企业管理服务	6%
				经纪代理服务	
				人力资源服务	
				安全保护服务	
			其他现代服务	其他现代服务	
		生活服务	文化体育服务	文化服务	6%
				体育服务	
			教育医疗服务	教育服务	
				医疗服务	
			旅游娱乐服务	旅游服务	
				娱乐服务	
			餐饮住宿服务	餐饮服务	
				住宿服务	
			居民日常服务		
			其他生活服务		
	销售无形资产		专利技术	所有权、使用权的转让	6%
			非专利技术		

纳税人	应税行为	具体范围		税率或征收率
一般纳税人	销售无形资产	商标	所有权、使用权的转让	6%
		著作权		
		商誉		
		其他权益性无形资产	经营权、特许、经销、分销、代理、会员、网络虚拟、肖像、转会、冠名	
		自然资源使用权 海域使用权		
		探矿权		
		采矿权		
		取水权		
		其他自然资源使用权		
		土地使用权		
	销售不动产	建筑物	转让有限产权、永久产权以及与其一并转让的土地使用权	9%
		构筑物		

2.1.3 会计科目及专栏设置

增值税一般纳税人应当在"应交税费"科目下设置"应交增值税""未交增值税""预交增值税""待抵扣进项税额""待认证进项税额""待转销项税额""增值税留抵税额""简易计税""转让金融商品应交增值税""代扣代交增值税"等明细科目。

1. 应交税费明细科目

应交税费明细科目说明，见表2-2。

表 2-2　应交增值税明细科目说明

科　　目		具体说明
应交增值税	进项税额	一般纳税人购进货物、加工修理修配劳务、服务、无形资产或不动产而支付或负担的、准予从当期销项税额中抵扣的增值税额
	出口抵减内销产品应纳税额	一般纳税人按照现行增值税制度规定因扣减销售额而减少的销项税额
	已交税金	一般纳税人当月已交纳的应交增值税额
	"转出未交增值税"和"转出多交增值税"	一般纳税人月度终了转出当月应交未交或多交的增值税额
	减免税款	一般纳税人按现行增值税制度规定准予减免的增值税额
	出口抵减内销产品应纳税额	实行"免、抵、退"办法的一般纳税人按规定计算的出口货物的进项税抵减内销产品的应纳税额
	销项税额	一般纳税人销售货物、加工修理修配劳务、服务、无形资产或不动产应收取的增值税额
	出口退税	一般纳税人出口货物、加工修理修配劳务、服务、无形资产按规定退回的增值税额
	进项税额转出	一般纳税人购进货物、加工修理修配劳务、服务、无形资产或不动产等发生非正常损失以及其他原因而不应从销项税额中抵扣、按规定转出的进项税额
未交增值税		核算一般纳税人月度终了从"应交增值税"或"预交增值税"明细科目转入当月应交未交、多交或预交的增值税额，以及当月交纳以前期间未交的增值税额
预交增值税		核算一般纳税人转让不动产、提供不动产经营租赁服务、提供建筑服务、采用预收款方式销售自行开发的房地产项目等，以及其他按现行增值税制度规定应预交的增值税额
待抵扣进项税额		核算一般纳税人已取得增值税扣税凭证并经税务机关认证，按照现行增值税制度规定准予以后期间从销项税额中抵扣的进项税额

科　　目	具体说明
待认证进项税额	核算一般纳税人由于未经税务机关认证而不得从当期销项税额中抵扣的进项税额。包括：一般纳税人已取得增值税扣税凭证、按照现行增值税制度规定准予从销项税额中抵扣、但尚未经税务机关认证的进项税额；一般纳税人已申请稽核但尚未取得稽核相符结果的海关缴款书进项税额
待转销项税额	核算一般纳税人销售货物、加工修理修配劳务、服务、无形资产或不动产，已确认相关收入（或利得）但尚未发生增值税纳税义务而需于以后期间确认为销项税额的增值税额
增值税留抵税额	期末汇总计算应交税金时，当销项税大于进项税时，就需交税；而销项税小于进项税时，就不交税，其中未抵扣完的进项税可以留到下期继续抵扣，继续抵扣的进项税额就叫"增值税留抵税额"
简易计税	核算一般纳税人采用简易计税方法发生的增值税计提、扣减、预缴、缴纳等业务
转让金融商品应交增值税	核算增值税纳税人转让金融商品发生的增值税额
代扣代交增值税	核算纳税人购进在境内未设经营机构的境外单位或个人在境内的应税行为代扣代缴的增值税

2. 应交税费科目设置

根据财会〔2016〕22号文件规定，一般纳税人企业增值税相关会计科目设置见表2-3。

表2-3　一般企业增值税基本会计科目设置明细表

科目代码	总分类科目（一级科目）	明细分类科目	
		二级科目	三级科目
2221	应交税费		
222101	应交税费	应交增值税	
22210101	应交税费	应交增值税	进项税额

科目代码	总分类科目（一级科目）	明细分类科目	
		二级科目	三级科目
22210102	应交税费	应交增值税	已交税金
22210103	应交税费	应交增值税	减免税款
22210104	应交税费	应交增值税	转出未交增值税
22210105	应交税费	应交增值税	销项税额抵减
22210106	应交税费	应交增值税	出口抵减内销产品应纳税额
22210107	应交税费	应交增值税	销项税额
22210108	应交税费	应交增值税	进项税额转出
22210109	应交税费	应交增值税	出口退税
22210110	应交税费	应交增值税	转出多交增值税
222102	应交税费	预交增值税	
222103	应交税费	待抵扣进项税额	
222104	应交税费	未交增值税	
222105	应交税费	增值税留抵税额	
222106	应交税费	简易计税	

应交增值税的账务处理，见表 2-4。

表 2-4　应交增值税的账务处理

项　　目	账务处理
当月缴纳税款	借：应交税费——应交增值税（已交税金） 　　贷：银行存款
当月缴纳以前月份税款	借：应交税费——未交增值税 　　贷：银行存款
税款减免的账务处理	借：应交税费——应交增值税（减免税款） 　　贷：营业外收入
税款返还	借：银行存款 　　贷：营业外收入

项　　目	账务处理
当月应交未交的增值税	借：应交税费——应交增值税（转出未交增值税） 　　贷：应交税费——未交增值税
当月多交的增值税	借：应交税费——未交增值税 　　贷：应交税费——转出多交增值税

2.2　小规模纳税人增值税的会计处理

小规模纳税人只需在"应交税费"科目下设置"应交增值税"明细科目，不需要设置上述专栏及除"转让金融商品应交增值税""代扣代交增值税"外的明细科目。

小规模纳税人销售货物或提供应税劳务，其应纳税额的计算不适用扣税法，而是实行按照销售额和征收率计算应纳税额的简易办法，并不得抵扣进项税额。

其计算公式为：

$$应纳税额＝销售额×征收率$$

销售额，不包括收取的增值税销项税额，即为不含税销售额。

对销售货物或提供应税劳务采取销售额和增值税销项税额合并定价方法的，要分离出不含税销售额，其计算公式为：

$$销售额＝含税销售额÷（1＋征收率）$$

小规模纳税人销售自己使用过的固定资产和旧货，按下列公式确定销售额和应纳税额：

$$销售额＝含税销售额÷（1＋3\%）$$

$$应纳税额＝销售额×2\%$$

2.3　城市维护建设税

城市维护建设税（简称城建税），是国家对缴纳增值税、消费税的单位和个人就其实际缴纳的税额为计税依据而征收的一种税。

2020 年 8 月 11 日，第十三届全国人民代表大会常务委员会第二十一次会议通过《中华人民共和国城市维护建设税法》规定，在中华人民共和国境内缴纳增值税、消费税的单位和个人，为城市维护建设税的纳税人，应当依照本法规定缴纳城市维护建设税。

2.3.1 计税依据

纳税人实际缴纳的增值税、消费税税额，以及出口货物、劳务或者跨境销售服务、无形资产增值税免抵税额。

对实行增值税期末留抵退税的纳税人，允许其从城市维护建设税的计税依据中扣除退还的增值税税额。

对出口货物、劳务和跨境销售服务、无形资产以及因优惠政策退还增值税、消费税的，不退还已缴纳的城市维护建设税。

2.3.2 税率与计算公式

城市建设税采用地区差别比例税率，纳税人所在地区不同，适用税率的档次也不同。市区的适用 7%，县城、镇的适用 5%，不在市区、县城或镇的适用 1%。

2.3.3 纳税时间、地点

扣缴义务人解缴税款的期限，与增值税消费税的纳税义务，发生时间一致。

1. 时间

城市维护建设税按月或者按季计征。不能按固定期限计征的，可以按次计征。

纳税义务发生时间为缴纳增值税、消费税的当日。扣缴义务发生时间为扣缴增值税、消费税的当日。

实行按月或者按季计征的，纳税人应当于月度或者季度终了之日起 15 日内申报并缴纳税款。实行按次计征的，纳税人应当于纳税义务发生之日起 15 日内申报并缴纳税款。

2. 地点

扣缴义务人应当向其机构所在地或者居住地的主管税务机关申报缴纳其

扣缴的税款。

2.4 教育费附加

教育费附加是对缴纳增值税、消费税的单位和个人，就其实际缴纳的税额为计税依据征收的一种附加费。

教育费附加税率为 3%，地方教育费附加税率为 2%，以实际缴纳的增值税、消费税税额为计税依据。

计算公式如下：

$$应纳教育费附加＝实际缴纳的"两税"税额×征收率$$

需要注意的是：

（1）教育费附加出口不退，进口不征。

（2）对由于减免增值税、消费税而发生的退税，可同时退还已征收的教育费附加。

2.5 印 花 税

印花税是对经济活动和经济交往中书立、领受、使用的应税经济凭证的单位和个人所征收的一种税。因纳税人主要是通过在应税凭证上粘贴印花税票来完成纳税义务，故名印花税。

2021 年 6 月 10 日，第十三届全国人民代表大会常务委员会通过《中华人民共和国印花税法》自 2022 年 7 月 1 日起施行，明确印花税计税依据、税率等。

2.5.1 计税依据

印花税的计税依据，按照下列方法确定。

应税合同的计税依据：为合同列明的价款或者报酬，不包括增值税税款；合同中价款或者报酬与增值税税款未分开列明的，按照合计金额确定。

应税产权转移书据的计税依据：为产权转移书据列明的价款，不包括增值税税款；产权转移书据中价款与增值税税款未分开列明的，按照合计金额确定。

应税营业账簿的计税依据：为营业账簿记载的实收资本（股本）、资本公积合计金额。

应税权利、许可证照的计税依据：按件确定。

证券交易的计税依据：为成交金额。

小提士

应税合同、产权转移书据未列明价款或者报酬的，按照下列方法确定计税依据：

（1）按照订立合同、产权转移书据时市场价格确定；依法应当执行政府定价的，按照其规定确定。

（2）不能按照本条第一项规定的方法确定的，按照实际结算的价款或者报酬确定。

以非集中交易方式转让证券时无转让价格的，按照办理过户登记手续前一个交易日收盘价计算确定计税依据；办理过户登记手续前一个交易日无收盘价的，按照证券面值计算确定计税依据。

2.5.2 税率

印花税新税率见表 2-5。

表 2-5 印花税税目税率表

税　目		税　率	备　注
合同	买卖合同	支付价款的万分之三	指动产买卖合同
	借款合同	借款金额的万分之零点五	指银行业金融机构经国务院银行业监督管理机构批准设立的其他金融机构和借款人（不包括银行同业拆借）订立的借款合同
	融资租赁合同	租金的万分之零点五	
	租赁合同	租金的千分之一	
	承揽合同	支付报酬的万分之三	
	建设工程合同	支付价款的万分之三	
	运输合同	运输费用的万分之三	指货运合同和多式联运合同（不包括管道运输合同）

税　目		税　率	备　注
合同	技术合同	价款、报酬或者使用费的万分之三	不包括专利权、专有技术使用权、转让书据
	保管合同	保管费的千分之一	
	仓储合同	仓储费的千分之一	
	财产保险合同	保险费的千分之一	
产权转移书据	土地使用权出让和转让书据（不包括土地承包经营权和土地经营权转移）；房屋等建筑物、构筑物所有权、股权（不包括应缴纳证券交易印花税的）	价款的万分之五	转让包括买卖（出售）、继承、赠与、互换、分割
	商标专用权、著作权、专利权、专有技术使用权转让书据	万分之三	
营业账簿		实收资本（股本）、资本公积合计金额的万分之二点五	
证券交易		成交金额的千分之一	

2.6　企业所得税

作为企业所得税纳税人，应依照《中华人民共和国企业所得税法》缴纳企业所得税。企业所得税纳税人包括：国有企业、集体企业、私营企业、联合企业、股份制企业、有生产经营所得和其他所得的其他组织。

个人独资企业及合伙企业除外，这两类企业征收个人所得税。

2.6.1　税率优惠政策

我国企业所得税基本税率25％；低税率20％，实际执行10％税率。企业所得税的纳税人不同，适用的税率也不同。居民企业中符合条件的小型微利企业减按20％税率征税；国家重点扶持的高新技术企业减按15％税率征税。2019年及以后国家对小型微利企业进行大幅减税。

2.6.2 收入的确定

1. 销售货物收入

除法律法规另有规定外，企业销售收入的确认，必须遵循权责发生制和实质重于形式原则。销售货物收入确认的时间，见表2-6。

表2-6 销售货物收入时间的确认

类　　别	确认收入的时间
托收承付	办妥托收手续时确认收入
预收款	在发出商品时确认收入
销售商品需要安装和检验	在购买方接受商品以及安装和检验完毕时确认收入。如果安装程序比较简单，可在发出商品时确认收入
以支付手续费方式委托代销	在收到代销清单时确认收入
售后回购	销售的商品按售价确认收入，回购的商品作为购进商品处理
以旧换新	销售商品应当按照销售商品收入确认条件确认收入，回收的商品作为购进商品处理
商业折扣	应当按照扣除商业折扣后的金额确定销售货物收入金额
销售折让	应当在发生时冲减当期销售货物收入
销售退回	应当在发生时冲减当期销售货物收入
有合同或协议价款的	购货方已收或应收的确定销售货物收入金额
现金折扣	应当按照扣除现金折扣前的金额确定销售货物收入金额。现金折扣在实际发生时计入当期财务费用

2. 提供劳务所得

提供劳务所得是指企业从事建筑安装、修理修配、交通运输、仓储租赁、金融保险、邮电通信、咨询经纪、文化体育、科学研究、技术服务、教育培训、餐饮住宿、中介代理、卫生保健、社区服务、旅游、娱乐、加工以及其他劳务服务活动取得的所得。

提供劳务收入确认的方法，见表2-7。

表 2-7　劳务收入的确认

类　　别	劳务收入的确认
安装费	应根据安装完工进度确认收入。安装工作是商品销售附带条件的，安装费在确认商品销售实现时确认收入
宣传媒介的收费	应在相关广告或商业行为出现于公众面前时确认收入。广告的制作费，应根据制作广告的完工进度确认收入
软件费	为特定客户开发软件的收费，应根据开发的完工进度确认收入
服务费	包含在商品售价内可区分的服务费，在提供服务的期间分期确认收入
艺术表演、招待宴会和其他特殊活动	在相关活动发生时确认收入，收费涉及几项活动的，预收的款项应合理分配给每项活动，分别确认收入
会员费	申请入会或加入会员，只允许取得会籍，所有其他服务或商品要另行收费的，在取得会员费时确认收入。申请入会或加入会员后，会员在会员期内不再付费就可得到各种服务或商品，或者以低于非会员的价格销售商品或提供服务的，该会员费应在整个受益期内分期确认收入
特许权费	属于提供设备和其他有形资产的特许权费，在交付资产或转移资产所有权时确认收入；属于提供初始及后续服务的特许权费，在提供服务时确认收入
劳务费	长期为客户提供重复的劳务收取的劳务费，在相关劳务活动发生时确认收入

3. 让渡资产使用权收入

让渡资产使用权收入主要指让渡无形资产等资产使用权的使用费收入，出租固定资产取得的租金，进行债权投资收取的利息，进行股权投资取得的现金股利等。

让渡资产使用权收入的确认，见表2-8。

表 2-8　让渡资产使用权的确认

类　　别	收入确认
转让财产收入	是指企业转让固定资产、投资性房地产、生物资产、无形资产、股权、债权等所取得的收入

类　　别	收入确认
股息、红利等权益性投资收益	除国务院财政、税务主管部门另有规定外，按照被投资方作出利润分配决定的日期确认收入的实现
利息收入	利息收入，按照合同约定的债务人应付利息的日期确认收入的实现
租金收入	按照合同约定的承租人应付租金的日期确认收入的实现
特许权使用费收入	按照合同约定的特许权使用人应付特许权使用费的日期确认收入的实现
接受捐赠收入	按照实际收到捐赠资产的日期确认收入的实现
其他收入	包括企业资产溢余收入、逾期未退包装物没收的押金、确实无法偿付的应付款项、企业已作坏账损失处理后又收回的应收账款、债务重组收入、补贴收入、教育费附加返还款、违约金收入、汇兑收益等

4. 不征税收入

不征税收入，是指从性质和根源上不属于企业营利性活动带来的经济利益、不负有纳税义务并不作为应税所得额组成部分的收入，见表2-9。

表2-9　不征税收入

类　　别	收入确认
财政拨款	是指各级政府对纳入预算管理的事业单位、社会团体等组织拨付的财政资金，但国务院和国务院财政、税务主管部门另有规定的除外
依法收取并纳入财政管理的行政事业性收费和政府性基金	行政事业性收费
	政府性基金

2.7　个人所得税

2018年8月31日，关于修改《中华人民共和国个人所得税法》的决定经十三届全国人大常委会第五次会议表决通过。起征点确定为每月5 000元。新《中华人民共和国个人所得税法》规定：居民个人的综合所得，以每一纳税年度的收入额减除费用 60 000 元以及基本扣除项目、专项附加扣除和依法确定的其他扣除后的余额，为应纳税所得额。计算公式如下：

应纳税所得额＝月收入－5 000 元（起征点）－基本扣除项目－专项附加扣除项目－依法确定的其他扣除

2.7.1　基本扣除项目

基本扣除项目如下：

（1）按照规定，单位为个人缴付和个人缴付的基本养老保险费、基本医疗保险费、失业保险费、住房公积金，从纳税义务人的应纳税所得额中扣除。

未超过国家或省（自治区、直辖市）人民政府规定的缴费比例或办法的，免征个人所得税。

（2）企事业单位和个人超过规定的比例和标准缴付的基本养老保险费、基本医疗保险费和失业保险费，应将超过部分并入个人当期的工资、薪金收入，计征个人所得税。

（3）企业为员工交纳的社会保险没有超过国家或省（自治区、直辖市）人民政府规定的缴费比例或办法的，免征个人所得税；超过的部分应并入个人当期的工资、薪金收入，计征个人所得税。

因此，企业为员工交纳的社会保险费超过了按其本人上一年度月平均工资的 300% 计算的社会保险费部分，应并入个人当期的工资、薪金收入，计征个人所得税。

（4）企业为员工交纳的所有商业保险是不免个人所得税的。应在向保险公司缴付时并入员工当期的工资收入，按"工资、薪金所得"项目计征个人所得税。

但是，对于商业保险中的企业年金，根据财政部、人力资源社会保障部、国家税务总局《关于企业年金　职业年金　个人所得税有关问题的通知》（财税〔2013〕103 号）规定，企业为员工缴纳的企业年金（包括企业为个人缴付的和个人缴付的），可以迟延到退休领取时再缴纳个人所得税。

2.7.2　专项附加扣除项目

专项附加扣除项目见表 2-10。

表 2-10 专项附加扣除项目

项目	扣除的条件		扣除标准	扣除方式
子女教育	子女接受全日制学历教育	义务教育（小学、初中）	每个子女1 000元/月	父母各扣50%，或指定一方扣100%
		高中（普通高中、中等职业、技工教育）		
		高等教育（大专、本科、硕士、博士）		
	子女接受学前教育	年满3岁至小学前		
继续教育	在中国境内接受学历（学位）继续教育		400元/月	本科以下的，本人扣400元/月
	接受技能人员职业资格继续教育、专业技术人员职业资格继续教育，并取得相关证书		3 600元/年	本人扣除
大病医疗	一个纳税年度内，与基本医保相关的医药费用支出，扣除医保报销后个人负担累计超过1 500元的部分		据实扣除，限额80 000元	本人/配偶扣：未成年子女费用，可由父母一方扣除
住房贷款利息	购买中国境内住房，享受"首套住房贷款利率"的住房贷款利息		1 000元/月	本人扣，夫妻可选择一方扣1 000元/月
住房租金	在主要工作城市没有自有住房	直辖市、省会（首府）城市、计划单列市及国务院确定的其他城市	1 500元/月	承租人扣。夫妻双方同城的，只能一方扣
		市辖区户籍人口超过100万的	1 100元/月	
		市辖区户籍人口不超过100万的	800元/月	
赡养老人	赡养一位及以上被赡养人（年满60岁的父母，子女均已过世的年满60岁的祖父母、外祖父母）	独生子女	2 000元/月	本人扣除
		非独生子女	不超过1 000元/月	均摊/约定分摊/指定分摊

自 2022 年 1 月 1 日起，纳税人照护 3 岁以下婴幼儿子女的相关支出，在计算缴纳个人所得税前按照每名婴幼儿每月 1 000 元的标准定额扣除。父母可选择一方按扣除标准的 100%，也可以选择双方分别按扣除标准的 50% 扣除。监护人不是父母的，也可以按上述政策规定扣除。

国家税务总局公布个人所得税专项附加扣除采集表（电子模板）见表 2-11，纳税人可根据个人情况如实填写。

表 2-11　专项附加扣除采集表

2.7.3　税率

工资、薪金所得七级超额累计税率，见表 2-12。

表 2-12　工资、薪金所得个人所得税税率表

级　数	月应纳税所得额	税率（%）	速算扣除数
1	不超过 3 000 元部分	3	0
2	超过 3 000～12 000 元	10	210
3	超过 12 000～25 000 元	20	1 410
4	超过 25 000～35 000 元	25	2 660
5	超过 35 000～55 000 元	30	4 410
6	超过 55 000～80 000 元	35	7 160
7	超过 80 000 元部分	45	15 160

中国个人所得税的征收方式实行源泉扣缴与自行申报并用法，注重源泉扣缴。

个人所得税的征收方式可分为按月计征和按年计征。个体工商户的生产、经营所得，对企业事业单位的承包经营、承租经营所得，特定行业的工资、薪金所得，从中国境外取得的所得，实行按年计征应纳税额，其他所得应纳税额实行按月计征。

2.8 契 税

契税是以所有权发生转移变动的土地、房屋等不动产为征税对象，向产权承受的单位和个人一次性征收的一种财产税。这是唯一从需求方进行调节的税种。

2.8.1 征税对象

契税是以在我国境内发生土地使用权、房屋所有权权属转移的行为作为征税对象。

其征税范围具体包括：国有土地使用权出让、土地使用权转让、房屋买卖、房屋赠与、房屋交换、企业间的投资行为等。

2.8.2 税率

契税实行幅度比例税率，税率幅度为 3%～5%。具体执行税率，由各省、自治区、直辖市人民政府在规定的幅度内，根据本地区的实际情况确定。

2.8.3 计税依据

契税的计税依据如下：

• 土地使用权出售、房屋买卖，其计税依据为成交价格。

• 土地使用权赠与、房屋赠与，其计税依据由征收机关参照土地使用权出售、房屋买卖的市场价格核定。

• 土地使用权交换、房屋交换，其计税依据是所交换的土地使用权、房屋的价格差额。

• 出让国有土地使用权的，其契税计税价格为承受人为取得该土地使用权而支付的全部经济利益。

• 房屋买卖的契税计税价格为房屋买卖合同的总价款，买卖装修的房屋，装修费用应包括在内。

2.8.4 应纳税额的计算

契税应纳税额的计算公式如下：

$$应纳税额 = 计税依据 \times 税率$$

契税纳税申报表，见表2-13。

表2-13 契税纳税申报表

填表日期：2022年1月5日 单位：元/平方米

填表日期：		年 月 日		单位：	元/平方米	
承受方		名称		识别号		
		地址		联系电话		
转让方		名称		识别号		
		地址		联系电话		
土地、房屋权属转移		合同签订时间				
		土地、房屋地址				
		权属转移类别				
		权属转移面积（平方米）				
		成交价格（元）				
适用税率						
计征税额（元）						
减免税额（元）						
应纳税额（元）						
纳税人员签章				经办人员签章		
（以下部分由征收机关负责填写）						
征收机关收到日期			接收人		审核日期	
审核记录						
审核人员签章				征收机关签章		

2.9 车辆购置税

《中华人民共和国车辆购置税法》已由中华人民共和国第十三届全国人民代表大会常务委员会第七次会议于 2018 年 12 月 29 日通过，现予公布，自 2019 年 7 月 1 日起施行。

在中华人民共和国境内购置汽车、有轨电车、汽车挂车、排气量超过 150 毫升的摩托车（以下统称应税车辆）的单位和个人，为车辆购置税的纳税人。

2.9.1 征收办法及税率

车辆购置税实行一次性征收。购置已征车辆购置税的车辆，不再征收车辆购置税，税率 10%。

2.9.2 计税价格

车辆购置税的应纳税额按照应税车辆的计税价格乘以税率计算。

应税车辆的计税价格，按照下列规定确定：

（1）纳税人购买自用应税车辆的计税价格，为纳税人实际支付给销售者的全部价款，不包括增值税税款。

（2）纳税人进口自用应税车辆的计税价格，为关税完税价格加上关税和消费税。

（3）纳税人自产自用应税车辆的计税价格，按照纳税人生产的同类应税车辆的销售价格确定，不包括增值税税款。

（4）纳税人以受赠、获奖或者其他方式取得自用应税车辆的计税价格，按照购置应税车辆时相关凭证载明的价格确定，不包括增值税税款。

第三章
小企业会计的具体操作实例

在本章，我们以一个企业完整的一个月的业务作为实例，为大家呈现企业在实际工作业务操作中的具体情况，让读者能够更直观地接触到现实中的实操内容。读完本章，能够直接对小企业业务进行处理和掌握。

3.1 永胜机械有限公司建账实例

黑龙江省永胜机械有限公司为增值税一般纳税人，由于其从业人数只有 50 多人，且营业收入未达到 300 万元标准，所以划分为小企业，执行《小企业会计准则》进行账务核算，适用增值税率为 13%，所得税率为 25%。永胜公司只生产甲乙两种产品，产品较少，核算比较简单，产品成本归集适用品种法。永胜机械有限公司 2022 年 1 月 1 日，有关科目的余额见表 3-1。

表 3-1 各账户期末余额表

单位：元

总账账户	明细账户	借方余额	总账账户	明细账户	贷方余额
库存现金		2 300	短期借款		400 000
银行存款		1 065 500	应付账款	兴达五金	588 000
				新大机电	348 000
短期投资		100 000	应付职工薪酬		500 000
应收票据		174 000	应交税费		50 000
应收账款		69 600	长期借款		200 000
—	甲公司	23 200	实收资本		750 000
—	乙公司	46 400	盈余公积	法定盈余公积	120 000
其他应收款		7 000	资本公积		60 000
—	陈凯	5 000	利润分配		526 500
—	张晓	2 000			
预付账款		120 000			
生产成本		50 000			

总账账户	明细账户	借方余额（元）	总账账户	明细账户	贷方余额（元）
原材料		34 000			
低值易耗品		8 000			
库存商品	甲产品	440 000			
	乙产品	190 000			
长期股权投资		160 000			
固定资产		1 200 000			
累计折旧		−200 000			
在建工程		306 600			
无形资产	商标权	165 500			
合计		3 892 500			3 892 500

根据期末余额表就可以设置相应的账簿。

3.1.1 设置总账

（1）登记总分类账使用登记簿，并加盖印鉴，不用贴花，每本账簿 5 元贴花从 2018 年 5 月 1 日已取消，如图 3-1 所示。

总分类账簿使用登记表

单位名称	黑龙江省永胜机械有限公司							
账簿名称	总　　账							
账簿页数	本账簿共计 100 页							
账簿编号	总　　册　　第　　册							
启用日期	2022 年 1 月 1 日至 2022 年 12 月 31 日							
会计机构负责人			记账人员		接收日期			交出日期
姓名	盖章	职务	姓名	盖章	年	月	日	年	月	日
刘永忠	刘永忠	会计	赵刚	赵刚						

图 3-1　总分类账簿使用登记表

（2）按页设置总分类账账页，并按上年期初余额登记，图 3-2 为预付账款总分类账账页。

总 分 类 账

2022年		凭证编号	摘　要	对方科目	借　方										贷　方										借或贷	余　额									
月	日				仟	佰	十	万	仟	佰	十	元	角	分	仟	佰	十	万	仟	佰	十	元	角	分		仟	佰	十	万	仟	佰	十	元	角	分
			上年结转																						借		1	2	0	0	0	0	0	0	

图 3-2　总分类账

（3）登记账户目录，见表 3-2。

表 3-2　账户目录

序号	账户名称	起止页数	序号	账户名称	起止页数
1	库存现金	1—2	10	低值易耗品	31—32
2	银行存款	3—6	11	库存商品	33—34
3	短期投资	7—8	12	长期股权投资	35—36
4	应收票据	9—10	13	固定资产	37—38
5	应收账款	11—15	14	累计折旧	39—40
6	其他应收款	16—18	15	在建工程	41—44
7	预付账款	19—21	16	无形资产	45—49
8	生产成本	22—25	17	短期借款	50—51
9	原材料	26—30	18	应付账款	52—53

序号	账户名称	起止页数	序号	账户名称	起止页数
19	应付职工薪酬	54—58	23	盈余公积	71—75
20	应交税费	59—62	24	资本公积	76—80
21	长期借款	63—66	25	利润分配	81—85
22	实收资本	67—70			

3.1.2　设置日记账

现金、银行存款科目设置为日记账格式，一般也是三栏式格式，图 3-3 为现金日记账账页。

现 金 日 记 账

2022年		凭证编号	摘　　要	对方科目	借　　方									贷　　方									借或贷	余　　额								
月	日				仟	佰	十	万	仟	佰	十	元	角	分	仟	佰	十	万	仟	佰	十	元	角	分		仟	佰	十	万	仟	佰	十	元	角	分
			上年结转																									2	3	0	0	0	0		

图 3-3　现金日记账

3.1.3　设置明细账

（1）原材料、在产品、库存商品类的账户，涉及数量金额的，一般都设置为数量金额式明细账，如图 3-4 所示。

原　材　料

2022 年度　　　　　单位　件　　　　　名称　甲材料

2022 年		凭证编号	摘要	借　方												贷　方												借或贷	余　额											
月	日			数量	单价	佰	十	万	仟	佰	十	元	角	分	数量	单价	佰	十	万	仟	佰	十	元	角	分		数量	单价	佰	十	万	仟	佰	十	元	角	分
			上年结转																							借	1000	34		3	4	0	0	0	0	0	

图 3-4　数量金额式明细账

（2）生产成本、管理费用、制造费用等成本费用类的账户，一般都设置为多栏式明细账，如图 3-5 所示。

生产成本明细账

2022 年度　　　　　　　　名称　甲产品

2022年		凭证号数	摘要	借　方									成　本　项　目																																
													直接材料									直接人工									制造费用														
月	日			佰	十	万	仟	佰	十	元	角	分	佰	十	万	仟	佰	十	元	角	分	佰	十	万	仟	佰	十	元	角	分	佰	十	万	仟	佰	十	元	角	分	佰	十	万	仟	佰	十	元	角	分
			上年结转			5	0	0	0	0	0	0			2	5	0	0	0	0	0			1	5	7	5	0	0	0				9	2	5	0	0	0						

图 3-5　多栏式明细账

一般除了数量金额和多栏账以外，企业多数账页都用三栏式明细账来登记，三栏式明细账格式同总分类账一样。

3.2　永胜机械有限公司 2022 年 1 月业务处理

业务一：差旅费的会计处理

1. 采购办张永借差旅费 1 500 元，以现金支付。

原始借据如图 3-6 所示。

借　据

人民币	壹仟伍佰元整	
系	借差旅费	¥1 500.00
		领收单位：
单位负责人：赵阳		领收人姓名：张永
	2022 年 1 月 3 日	

图 3-6　业务 1-1

借：其他应收款——张永　　　　　　　　　　　　　　　1 500

　　贷：库存现金　　　　　　　　　　　　　　　　　　　　1 500

业务 1 凭证分录如图 3-7 所示。

付　款　凭　证

出纳编号 _____

制单编号 ___1___

2022 年 1 月 3 日

摘　　要	会计科目	明细科目	借方金额									贷方金额									记账符号
			仟	佰	十	万	仟	佰	十	元	角	分	仟	佰	十	万	仟	佰	十	元	角	分	
张永借差旅费	其他应收款	张永					1	5	0	0	0	0											√
	库存现金																1	5	0	0	0	0	√
合计						¥	1	5	0	0	0	0			¥	1	5	0	0	0	0		

附单据 1 张

会计主管：刘永忠　　记账：赵刚　　审核：马庆　　出纳：姜斌　　制单：陈华　　领款人：张永

图 3-7　业务 1-2

业务二：购进 A 材料会计处理

2. 从丹江立源物资有限公司购入 A 材料 500 件，单价 30 元，价款15 000元，增值税率13％，进项税额 1 950 元，款项已汇，材料已验收入库。

购入发票如图 3-8 所示。

全国统一发票监制章
黑龙江
国家税务总局监制
发票联

4200164130　　　　　　黑龙江省增值税专用发票　　　　　　No：07640746

开票日期：2022 年 1 月 3 日

购买方	名称：黑龙江省永胜机械有限公司 统一社会信用代码：91231083130543468R 地址、电话：丹江市阳明区光华路 15 号 0453－6566778 开户行及账号：建设银行丹江阳明支行 332101909234218888	密码区	略				
货物或应税劳务名称 A 材料	规格 型号	单位 件	数量 500	单价 30.00	金额 ¥15 000.00	税率（％） 13％	税额 ¥1 950.00
价税合计（大写）	⊗壹万陆仟玖佰伍拾元整				（小写）¥16 950.00		
销售方	名称：丹江立源物资有限公司 统一社会信用代码：9981341349712315 地址、电话：丹江北安路 45 号 0453－8765456 开户行及账号：工行丹江北安分理处　066180360017777	备注	立源物资有限公司 9981341349712315 发票专用章				

收款人：李玉　　　复核：徐平　　　开票人：李刚　　　销售方：（章）

图 3-8　业务 2-1

材料验收单如图 3-9 所示。

材料验收单
2022 年 1 月 3 日

供货单位：丹江立源物资有限公司　　　　　　　　　　编号××××

材料编号	材料名称	规格型号	单位	数量	单价	金额（元）	备注
138	A 材料		件	500	30	15 000	

合计金额（大写）壹万伍仟元整

保管验收员：姜国　　　　　　　　　采购员：张永

图 3-9　业务 2-2

转账支票如图 3-10 所示。

图 3-10　业务 2-3

借：原材料——A 材料　　　　　　　　　　　　　　　　　15 000

　　应交税费——应交增值税——进项税额　　　　　　　 1 950

　　　贷：银行存款　　　　　　　　　　　　　　　　　　　16 950

业务 2 凭证分录如图 3-11 所示。

付　款　凭　证

2022 年 1 月 3 日

出纳编号　＿＿＿＿

制单编号　＿2＿

摘　　要	会计科目	明细科目	借方金额										贷方金额										记账符号
			仟	佰	十	万	仟	佰	十	元	角	分	仟	佰	十	万	仟	佰	十	元	角	分	
购进 A 材料	原材料	A 材料			1	5	0	0	0	0	0												√
	应交税费	应交增值税—进项税额				1	9	5	0	0	0												√
	银行存款													1	6	9	5	0	0	0		√
合计				￥	1	6	9	5	0	0	0			￥	1	6	9	5	0	0	0		

附单据 3 张

会计主管：刘永忠　记账：赵刚　审核：马庆　出纳：姜斌　制单：陈华　领款人：

图 3-11　业务 2-4

业务三：销售甲产品会计处理

3. 销售甲产品 1 000 件，单价为 500 元，销售价款为 500 000 元，增值税率为 13%，税款为 65 000 元，货款合计为 565 000 元，该批产品实际成本为 350 000元，产品已发出，货款已收到存银行。

产品销售单如图 3-12 所示。

产品销售单

2022 年 1 月 5 日

单位	鑫伟机电有限公司				车号	×××
产品名称	规格	单位	数量	单价	金额（元）	备注
甲产品		件	1 000	500	500 000.00	

合计金额（大写）　伍拾万元整

财务主管：刘永忠　　　　　　　　　制表：赵刚

图 3-12　业务 3-1

银行进账单如图 3-13 所示。

中国建设银行进账单（回单或收账通知）

进账日期：2022 年 1 月 5 日　　第 0432 号

收款人	全称	黑龙江省永胜机械有限公司	付款人	全称	鑫伟机电有限公司	此联给收款人的收账通知
	账号	91231083130543468R		账号	66180360017777	
	开户银行	建设银行丹江阳明支行		开户银行	建设银行丹江太平路支行	
人民币（大写）：⊗伍拾陆万伍仟元整				仟 佰 十 万 仟 佰 十 元 角 分		
				￥ 5 6 5 0 0 0 0 0		
票据种类	转账支票		收款人开户银行盖章	建设银行 丹江阳明支行 2022.1.5 转讫		
票据张数	1					
主管：刘永忠	记账：马庆					

图 3-13　业务 3-2

销售发票如图 3-14 所示。

4200164130　　　　　黑龙江省增值税专用发票　　　　　No：08640910

发票联

开票日期：2022 年 1 月 5 日

购买方	名称：鑫伟机电有限公司 统一社会信用代码：9981341343828516 地址、电话：丹江北安路 45 号 　　　　　0453—8765000 开户行及账号：建行丹江太平路支行 　　　　　066180360017777	密码区	略

货物或应税劳务名称	规格型号	单位	数量	单价	金额	税率（%）	税额
甲产品		件	1 000	500	￥500 000.00	13%	￥65 000.00

价税合计（大写）	⊗伍拾陆万伍仟元整	（小写）￥565 000.00

销售方	名称：黑龙江省永胜机械有限公司 统一社会信用代码：91231083130543468R 地址、电话：丹江市阳明区光华路 15 号 　　　　　0453—6566778 开户行及账号：建设银行丹江阳明支行 　　　　　332101909234218888	备注	黑龙江省永胜机械有限公司 ★ 发票专用章

收款人：李玉　　复核：徐平　　开票人：李刚　　销售方：（章）

图 3-14　业务 3-3

借：银行存款　　　　　　　　　　　　　　　　565 000
　　贷：主营业务收入　　　　　　　　　　　　　　　500 000
　　　　应交税费——应交增值税——销项税　　　　　　65 000

业务 3 凭证分录如图 3-15 所示。

收 款 凭 证

2022 年 1 月 5 日

出纳编号 _____
制单编号 ___3___

摘　要	会计科目	明细科目	借方金额										贷方金额										记账符号
			仟	佰	十	万	仟	佰	十	元	角	分	仟	佰	十	万	仟	佰	十	元	角	分	
销售甲产品 1 000 件	银行存款			5	6	5	0	0	0	0	0	0											√
	主营业务收入	甲产品												5	0	0	0	0	0	0	0	0	√
	应交税费	应交增值税—销项税													6	5	0	0	0	0	0	√
合计			￥	5	6	5	0	0	0	0	0	0	￥	5	6	5	0	0	0	0	0	0	

附单据 3 张

会计主管：刘永忠　　记账：赵刚　　审核：马庆　　出纳：姜斌　　制单：陈华

图 3-15　业务 3-4

借：主营业务成本——甲产品 350 000
　　贷：库存商品 350 000

结转甲产品销售成本如图 3-16 所示。

转　账　凭　证

出纳编号 ____

制单编号 ___4___

2022 年 1 月 5 日

摘　　要	会计科目	明细科目	借方金额									贷方金额									记账符号
			仟	佰	十	万	仟	佰	十	元	角	分	仟	佰	十	万	仟	佰	十	元	角	分	
结转甲产品	主营业务成本	甲产品		3	5	0	0	0	0	0	0												√
		库存商品												3	5	0	0	0	0	0	0	√
合计			¥	3	5	0	0	0	0	0	0		¥	3	5	0	0	0	0	0	0	

附单据 张

会计主管：刘永忠　　记账：赵刚　　审核：马庆　　出纳：姜斌　　制单：陈华

图 3-16　业务 3-5

业务四：报销差旅费会计处理

4. 1 月 5 日，陈凯报销差旅费 4 810 元，其中冲抵借款 5 000 元，交回现金 190 元。

差旅费报销单如图 3-17 所示。

差旅费报销单

单位：销售部　　出差起止日期：2022 年 1 月 1 日至 2022 年 1 月 5 日

原借款额	5 000
报销款	4 810
返现金	190
付现金	

公出事由		去上海与客户洽谈销售事宜							
出发地	到达地	公出补助			车船飞机费	市内车费	宿费	其他	合计
地点	地点	天数	标准	金额					
丹江	上海	1	60	60	1 720		210		1 990
上海	上海	3	60	180		230	630		1 040
上海	丹江	1	60	60	1 720				1 780
合计人民币（大写）		肆仟捌佰壹拾元整							¥ 4 810.00
备　　注									

附单据 1 张

单位领导：赵阳　　会计主管：刘永忠　　公出人：陈凯　　审核人：赵刚

图 3-17　业务 4-1

陈凯交回多余款收据如图 3-18 所示。

内部收款收据				总　号＿＿＿＿
2022 年 1 月 5 日				出纳号＿＿＿＿
交款单位	销售部	交款人	陈凯	
金额（大写）	壹佰玖拾元整		￥190.00	
交款事项：退回出差多借款项。		上述款项如数收讫		

会计主管：刘永忠　　　　　出纳：姜斌　　　　　填制：马庆

图 3-18　业务 4-2

```
借：库存现金                              190
    销售费用——差旅费                    4 810
    贷：其他应收款——陈凯                            5 000
```

业务 4 凭证分录如图 3-19 所示。

收 款 凭 证

出纳编号＿＿＿
制单编号　5

2022 年 1 月 5 日

摘　要	会计科目	明细科目	借方金额										贷方金额										记账符号
			仟	佰	十	万	仟	佰	十	元	角	分	仟	佰	十	万	仟	佰	十	元	角	分	
核销差旅费	库存现金							1	9	0	0	0											√
	销售费用	差旅费					4	8	1	0	0	0											√
	其他应收款	陈凯													5	0	0	0	0	0			√
合计					￥	5	0	0	0	0	0				￥	5	0	0	0	0	0		

附单据 2 张

会计主管：刘永忠　　记账：赵刚　　审核：马庆　　出纳：姜斌　　制单：陈华

图 3-19　业务 4-3

业务五：提取工会经费会计处理

5. 1 月 5 日，将四季度提取 2‰ 的工会经费 4 700 元，支付给税务部门。

电汇凭证如图 3-20 所示。

中国建设银行　电　汇　凭　证

进账日期：2022 年 1 月 5 日　　　　第 14104 号

付款人	全称	黑龙江省永胜机械有限公司	收款人	全称	丹江阳明区税务总局
	账号	332101909234218888		账号	886180360012347
	开户银行	丹江市建行阳明支行		开户银行	丹江市工行太平路支行

人民币（大写）：⊗肆仟柒佰元整	仟	佰	十	万	仟	佰	十	元	角	分
				¥	4	7	0	0	0	0

中国建设银行股份有限公司
丹江市阳明支行
2022.1.5
业务专用章

支付密码：

附加信息及用途：四季度工会经费

客户签章　此汇款支付给收款人

主管：××　　　　　　复核：××　　　　　　　　录入：××

图 3-20　业务 5-1

第二联 客户回单

税收完税证明如图 3-21 所示。

中华人民共和国
税收完税证明

填发日期　2022 年 1 月 6 日　税务机关　　　（161）黑地证　00854566
　　　　　　　　　　　　　　　　　　　　　　黑龙江省丹江市地方税务局

纳税人账号　91231083130543468R　　　纳税人名称　黑龙江省永胜机械有限公司

证号	税种	品目名称	税款所属时期	入（退）库日期	实缴（退）金额
0066539	其他收入	工会经费	2021-10-01 至 2021-12-31	2022-01-06	4 700.00
合计（大写）	⊗肆仟柒佰元整				¥ 4 700.00

黑龙江省丹江市地方税务局阳明分局
税务机关（盖章）
★
征税专用章

填票人：张立平

备注（161）黑地证 00854566
正常申报一般申报正税自行申报
黑龙江省永胜机械有限公司主管
税务分局：黑龙江省丹江市地
方税务局阳明分局
电子税票号码：3201801110000066059

第一联 收据 交纳税人做完税证明

妥善保管　手写无效

图 3-21　业务 5-2

借：应付职工薪酬——工会经费 　　　　　　　　　　　4 700

　　　贷：银行存款 　　　　　　　　　　　　　　　　　　　　4 700

业务 5 凭证分录如图 3-22 所示。

付　款　凭　证

出纳编号 ＿＿＿
制单编号 ＿6＿

2022 年 1 月 5 日

摘　　要	会计科目	明细科目	借方金额										贷方金额										记账符号
			仟	佰	十	万	仟	佰	十	元	角	分	仟	佰	十	万	仟	佰	十	元	角	分	
支付工会经费	应付职工薪酬	工会经费				4	7	0	0	0	0													√
	银行存款																4	7	0	0	0	0	√
合计					¥	4	7	0	0	0	0				¥	4	7	0	0	0	0		

附单据 2 张

会计主管：刘永忠　记账：赵刚　审核：马庆　出纳：姜斌　制单：陈华　领款人：

图 3-22　业务 5-3

业务六：支付供热费会计处理

6. 1 月 5 日，支付 2020 年至 2021 年供热费 160 000 元，增值税款 20 800 元。供热分配表如图 3-23 所示。

供热分配明细表

2022 年 1 月 5 日

项　　目	面积（平方米）	单价（元）	金额（元）	备　注
生产车间	3 500	32	112 000.00	
管理办公室	1 000	32	32 000.00	
销售部门	500	32	16 000.00	
合计	5 000		160 000.00	

单位领导：赵阳　　　　　　财务主管：刘永忠　　　　　　制表：赵刚

图 3-23　业务 6-1

供热费发票如图 3-24 所示。

全国统一发票监制章
黑龙江
黑龙江省增值税专用发票

4200164130

No：08750975

开票日期：2022 年 1 月 5 日

购买方	名称：黑龙江省永胜机械有限公司 统一社会信用代码：91231083130543468R 地址、电话：丹江市阳明区光华路 15 号 　　　　　0453－6566778 开户行及账号：建设银行丹江阳明支行 　　　　　332101909234218888			密码区	略		
货物或应税劳务名称	规格型号	单位	数量	单价	金额	税率（%）	税额
供热费		平方米	5 000	32	¥160 000.00	13%	¥20 800.00
价税合计（大写）	⊗壹拾捌万零捌佰元整				（小写）¥180 800.00		
销售方	名称：恒温供热有限公司 统一社会信用代码：9981341343828888 地址、电话：丹江江东路 4 号　0453－8765088 开户行及账号：建行丹江太平路支行 　　　　　66180360018887			备注	恒温供热有限公司 ★ 发票专用章		

收款人：姜文　　　　复核：李平　　　　开票人：张玉　　　　销售方：（章）

图 3-24　业务 6-2

电汇凭证如图 3-25 所示。

中国建设银行　　电汇凭证

进账日期：2022 年 1 月 5 日　　第 14115 号

付款人	全称	黑龙江省永胜机械有限公司	收款人	全称	恒温供热有限公司									
	账号	332101909234218888		账号	66180360018887									
	开户银行	丹江市建行阳明支行		开户银行	丹江市建行太平路支行									
					仟	佰	十	万	仟	佰	十	元	角	分
人民币（大写）：⊗壹拾捌万零捌佰元整						¥	1	8	0	8	0	0	0	0
中国建设银行股份有限公司 丹江市阳明支行 2022.1.5 业务专用章　客户签章				支付密码： 附加信息及用途：供热费 此汇款支付给收款人										

主管：××　　　　　　复核：××　　　　　　录入：××

图 3-25　业务 6-3

第二联客户回单

借：制造费用——供热费   112 000

管理费用——供热费   32 000

销售费用——供热费   16 000

应交税费——应交增值税——进项税额   20 800

贷：银行存款   180 800

业务 6 凭证分录如图 3-26 所示。

付 款 凭 证

出纳编号 _____

制单编号 ___7___

2022 年 1 月 5 日

摘　　要	会计科目	明细科目	借方金额										贷方金额										记账符号
			仟	佰	十	万	仟	佰	十	元	角	分	仟	佰	十	万	仟	佰	十	元	角	分	
付供热费	制造费用	供热费			1	1	2	0	0	0	0	0											√
	管理费用	供热费				3	2	0	0	0	0	0											√
	销售费用	供热费				1	6	0	0	0	0	0											√
	应交税费	应交增值税—进项税额				2	0	8	0	0	0	0											√
	银行存款													1	8	0	8	0	0	0	0	0	√
合计				¥	1	8	0	8	0	0	0	0		¥	1	8	0	8	0	0	0	0	

会计主管：刘永忠   记账：赵刚   审核：马庆   出纳：姜斌   制单：陈华   领款人：

图 3-26 业务 6-4

业务七：收到银行利息会计处理

7. 1 月 6 日收到建设银行利息收入 500.00 元。

利息收入清单如图 3-27 所示。

中国建设银行　　　　　　通用机打凭证

2328001000111

对公定期存款利息清单

交易日期：　2022年1月6日　　　　　　　　　交易代码：4102

定期存款账号91231083130543468R　　　　　入账账号　0201400044501018

户　　名：　黑龙江省永胜机械有限公司　　执行利率：1.50%

起息日期：　2021年9月7日　　　止息日期　2022年1月6日

本　　金：　100 000.00　　　　利　息：　　500.00

授权　　王英　　　复核　　张峰　　　记账　　　孙丽

图 3-27　业务 7-1

借：银行存款　　　　　　　　　　　　　　　　　　　　500

　　贷：财务费用——利息收入　　　　　　　　　　　　　　500

业务 7 凭证分录如图 3-28 所示。

收 款 凭 证

出纳编号 ＿＿＿＿
制单编号　8

2022 年 1 月 6 日

摘　要	会计科目	明细科目	借方金额										贷方金额										记账符号
			仟	佰	十	万	仟	佰	十	元	角	分	仟	佰	十	万	仟	佰	十	元	角	分	
利息收入	银行存款						5	0	0	0	0												√
	财务费用	利息收入															5	0	0	0	0		√
合计						￥	5	0	0	0	0					￥	5	0	0	0	0		

附单据 1 张

会计主管：刘永忠　记账：赵刚　审核：马庆　出纳：姜斌　制单：陈华　领款人：

图 3-28　业务 7-2

业务八：购进计算机会计处理

8. 1月6日，开出转账支票一张，从宏兴电脑城购进联想电脑一台，单价 4 000 元，增值税率 13%，取得增值税专用发票一张。管理部门使用此电脑。

购进电脑发票如图 3-29 所示。

4200164130

黑龙江省增值税专用发票

No：08751178

开票日期：2022 年 1 月 6 日

购买方	名称：黑龙江省永胜机械有限公司 统一社会信用代码：91231083130543468R 地址、电话：丹江市阳明区光华路 15 号 0453－6566778 开户行及账号：建设银行丹江阳明支行 332101909234218888				密码区		略	
货物或应税劳务名称 电脑	规格型号 联想 C510	单位 台	数量 1	单价 4 000	金额 ¥4 000	税率（％） 13%		税额 ¥520
价税合计（大写）	⊗肆仟伍佰贰拾元整					（小写）¥4 520.00		
销售方	名称：丹江市宏兴电脑城 统一社会信用代码：9981341343828789 地址、电话：丹江江东路 24 号　0453－8765079 开户行及账号：建行丹江太平路支行　6618036001961375				备注		丹江市宏兴电脑城 ★ 发票专用章	

收款人：李文　　复核：王平　　开票人：姜玉　　销售方：（章）

图 3-29　业务 8-1

转账支票如图 3-30 所示。

中国建设银行　　转账支票

10502330
4304245

中国建设银行 转账支票存根 10502330 4304245 附加信息：	出票日期（大写）：贰零贰贰年零壹月零陆日		付款行名称：中国建设银行丹江市阳明支行
	收款人：丹江市宏兴电脑城		出票人账号：91231083130543466Z
	人民币（大写）肆仟伍佰贰拾元整	赵阳之印	亿 仟 佰 十 万 仟 佰 十 元 角 分 ¥ 4 5 2 0 0 0 0
		用途：电脑款	

出票日期：2022 年 1 月 6 日

上列款项请从

密码：235457634657678

收款人：丹江市宏兴电脑城

我账户内支付 黑龙江省永胜机械有限公司

行号：343385

金　额：¥4 520.00

出票人签章　★　财务专用章

赵阳之印　复核　　记账

用　途：电脑款

单位主管：刘永忠　会计：马庆

图 3-30　业务 8-2

固定资产验收单如图 3-31 所示。

固定资产交付使用单

使用部门：行政管理部   日期   2022 年 1 月 6 日

设备名称	电脑	设备编号	1100021
规格型号	联想 C510	原始价值	4 000
生产单位	联想集团	预计使用年限	5 年
出厂日期	2021.12.1	预计净残值	5%
验收项目	验收记录		负责人
运转状况	良好		高军
精度测试	良好		高军
达产程度	良好		高军
环境检查	良好		高军
综合意见	可以投入使用		高军

验收人：高军   财务主管：刘永忠

图 3-31   业务 8-3

借：固定资产——电脑   4 000

  应交税费——应交增值税——进项税额   520

  贷：银行存款   4 520

业务 8 凭证分录如图 3-32 所示。

付 款 凭 证

2022 年 1 月 6 日

出纳编号 ___

制单编号 9

摘要	会计科目	明细科目	借方金额										贷方金额										记账符号
			仟	佰	十	万	仟	佰	十	元	角	分	仟	佰	十	万	仟	佰	十	元	角	分	
购电脑一台	固定资产	电脑					4	0	0	0	0	0											√
	应交税费	应交增值税—进项税额						5	2	0	0	0											√
	银行存款																4	5	2	0	0	0	√
合计				¥	4	5	2	0	0	0				¥	4	5	2	0	0	0			

附单据 3 张

会计主管：刘永忠   记账：赵刚   审核：马庆   出纳：姜斌   制单：陈华   领款人：

图 3-32   业务 8-4

业务九：购进档案柜会计处理

9. 1月6日，从丹江市顺达百货商店购进2个档案柜，每个单价为500元，开具普通增值税发票一张，金额为1 000元。

购进档案柜发票如图3-33所示。

4200164130

全国统一发票监制章
黑龙江

黑龙江省增值税普通发票
发票联

No：08751215

开票日期：2022年1月6日

购买方	名称：黑龙江省永胜机械有限公司 统一社会信用代码：91231083130543468R 地址、电话：丹江市阳明区光华路15号 0453－6566778 开户行及账号：建设银行丹江阳明支行 3321019092342188888				密码区	略			
货物或应税劳务名称	规格型号	单位	数量	单价	金额		税率（％）	税额	
档案柜		套	2	485.436 9	¥970.87		3%	¥29.13	
价税合计（大写）	⊗壹仟元整					（小写）¥1 000.00			
销售方	名称：丹江市顺达百货商店 统一社会信用代码：99813452487789 0585 地址、电话：丹江西一路14号　0453－6265079 开户行及账号：建行丹江太平路支行　6618036001931259				备注	丹江市顺达百货商店 ★ 发票专用章			

收款人：姜文　　　　复核：李方　　　　开票人：赵义　　　　销售方：（章）

图3-33　业务9-1

验收单如图3-34所示。

验 收 单

编号：20190508

供货单位：丹江市顺达百货商店　　　　2022年1月6日

编号	材料名称	规格型号	单位	数量	单价	金额	备注
7384	档案柜		套	2	500.00	1 000.00	
合计（大写）	⊗壹仟元整					¥ 1 000.00	

主管领导：汪文贵　　　材料主管：吉明　　　保单员：李峰　　　采购员：梁晓

图3-34　业务9-2

开出转账支票如图 3-35 所示。

中国建设银行　转账支票　10502330　4304247

中国建设银行
转账支票存根

10502330
4304247

附加信息：

出票日期：2022年1月6日

收款人：丹江市顺达百货商店

金　额：￥1 000.00

用　途：购档案柜

单位主管：刘永忠　会计：马庆

出票日期（大写）：贰零贰贰年零壹月零陆日　付款行名称：丹江市建行阳明支行

收款人：丹江市顺达百货商店　出票人账号：91231083130543466Z

人民币（大写）壹仟元整

亿	仟	佰	十	万	仟	佰	十	元	角	分
				￥	1	0	0	0	0	0

用途：购档案柜

上列款项请从

我账户内支付

出票人签章

密码：235457634657678

行号：343385

复核　　　　记账

图 3-35　业务 9-3

借：低值易耗品——档案柜　　　　　1 000

　　贷：银行存款　　　　　　　　　　　　1 000

业务 9 凭证分录如图 3-36 所示。

出纳编号 ＿＿＿＿
制单编号 10

付 款 凭 证
2022 年 1 月 6 日

摘　要	会计科目	明细科目	借方金额										贷方金额										记账符号
			仟	佰	十	万	仟	佰	十	元	角	分	仟	佰	十	万	仟	佰	十	元	角	分	
购档案柜	低值易耗品	档案柜				1	0	0	0	0	0													√
	银行存款															1	0	0	0	0	0		√
合计				￥	1	0	0	0	0	0				￥	1	0	0	0	0	0			

附单据 3 张

会计主管：刘永忠　记账：赵刚　审核：马庆　出纳：姜斌　制单：陈华　领款人：

图 3-36　业务 9-4

业务十：领用档案柜会计处理

10. 1 月 6 日当天，档案柜由行政管理部门领用。

领料出库单如图 3-37 所示。

出 库 单

领料单位：行政管理部　　　　2022 年 1 月 6 日　　　　　　　　编号：20190525

编号	材料名称	规格型号	单位	数量	单价	金额	备注
8560	档案柜		套	2	500	1 000	
合计（大写）	⊗壹仟元整					￥1 000	

主管领导：汪文贵　　　材料主管：吉明　　　保单员：李峰　　　领料人：马峰

图 3-37　业务 10-1

借：管理费用——办公品　　　　　　　　　　1 000
　　贷：低值易耗品——档案柜　　　　　　　　　　1 000

业务 10 凭证分录如图 3-38 所示。

转 账 凭 证

2022 年 1 月 6 日　　　　　　　　　出纳编号 ____　制单编号 11 ____

摘　要	会计科目	明细科目	借方金额											贷方金额											记账符号
			仟	佰	十	万	仟	佰	十	元	角	分	仟	佰	十	万	仟	佰	十	元	角	分	
管理部领用	管理费用	办公品				1	0	0	0	0	0												✓
	低值易耗品	档案柜														1	0	0	0	0	0		✓
合计					￥	1	0	0	0	0	0				￥	1	0	0	0	0	0		

附单据 1 张

会计主管：刘永忠　记账：赵刚　审核：马庆　出纳：姜斌　制单：陈华

图 3-38　业务 10-2

业务十一：缴纳城市维护建设税和教育费附加会计处理

11. 1 月 7 日，上交增值税 10 000 元，城建税 700 元，教育费附加费为 300 元。

城建税、教育附加完税证明如图 3-39 所示。

中华人民共和国
税收完税证明

填发日期　2022年1月6日　税务机关

（161）黑地证　00854566
黑龙江省丹江市地方税务局

纳税人账号　91231083130543468R　　纳税人名称　黑龙江省永胜机械有限公司

证号	税种	品目名称	税款所属时期	入（退）库日期	实缴（退）金额
0066539	地方教育附加		2021-12-01 至 2021-12-31	2022-01-07	300.00
0066579	城市维护建设税		2021-12-01 至 2021-12-31	2022-01-07	700.00

合计（大写）	⊗壹仟元整	￥1 000.00

税务机关（盖章）★征税专用章	填票人：张立平	备注（161）黑地证00854566 正常申报一般申报正税自行申报 黑龙江省永胜机械有限公司主管 税务分局：黑龙江省丹江市地方 税务局阳明分局 电子税票号码：320180111000064940

第一联收据交纳税人作完税证明

妥善保管　手写无效
图 3-39　业务 11-1

增值税完税证明如图 3-40 所示。

中华人民共和国
税收完税证明

填发日期　2022年1月7日　税务机关

（161）黑地证　00854566
黑龙江省丹江市地方税务局

纳税人账号　91231083130543468R　　纳税人名称　黑龙江省永胜机械有限公司

证号	税种	品目名称	税款所属时期	入（退）库日期	实缴（退）金额
0079579	增值税		2021-12-01 至 2021-12-31	2022-01-07	10 000.00

合计（大写）	⊗壹万元整	￥10 000.00

税务机关（盖章）★征税专用章	填票人：李芳	备注（161）黑地证00854566 正常申报一般申报正税自行申报 黑龙江省永胜机械有限公司主管 税务分局：黑龙江省丹江市国家 税务局阳明分局 电子税票号码：513180111000064985

第一联收据交纳税人作完税证明

妥善保管　手写无效
图 3-40　业务 11-2

城市维护建设税、教育费附加电汇凭证如图 3-41 所示。

中国建设银行　电汇凭证

进账日期：2022 年 1 月 7 日　　　第 14175 号

付款人	全称	黑龙江省永胜机械有限公司	收款人	全称	丹江阳明区税务总局
	账号	332101909234218888		账号	886180360012347
	开户银行	丹江市建行阳明支行		开户银行	丹江市工行太平路支行

人民币（大写）：⊗壹仟元整	仟	佰	十	万	仟	佰	十	元	角	分
					￥	1	0	0	0	0	0

中国建设银行股份有限公司
丹江市阳明支行
2022.1.7
业务专用章

支付密码：

附加信息及用途：城建税、教育费附加

客户签章　此汇款支付给收款人

主管：×× 　　　授权：×× 　　　复核：×× 　　　录入：××

图 3-41　业务 11-3

增值税电汇凭证如图 3-42 所示。

中国建设银行　电汇凭证

进账日期：2022 年 1 月 7 日　　　第 14115 号

付款人	全称	黑龙江省永胜机械有限公司	收款人	全称	丹江阳明区税务总局
	账号	332101909234218888		账号	886180360012388
	开户银行	丹江市建行阳明支行		开户银行	丹江市工行太平路支行

人民币（大写）：⊗壹万元整	仟	佰	十	万	仟	佰	十	元	角	分
				￥	1	0	0	0	0	0	0

中国建设银行股份有限公司
丹江市阳明支行
2022.1.7
业务专用章

支付密码：

附加信息及用途：增值税

客户签章　此汇款支付给收款人

主管：×× 　　　授权：×× 　　　复核：×× 　　　录入：××

图 3-42　业务 11-4

第二联客户回单

借：应交税费——应交增值税——已交税费　　　　10 000

　　　　　　　——城市维护建设税　　　　　700

　　　　　　　——教育费附加　　　　　　　300

　　贷：银行存款　　　　　　　　　　　　　　　　11 000

业务 11 凭证分录如图 3-43 所示。

付　款　凭　证

2022 年 1 月 7 日

制单编号　12

摘　要	会计科目	明细科目	借方金额										贷方金额										记账符号
			仟	佰	十	万	仟	佰	十	元	角	分	仟	佰	十	万	仟	佰	十	元	角	分	
交增值说、城建税、教育附加	应交税费	应交增值税—已交税费			1	0	0	0	0	0	0												√
	应交税费	城市维护建设税					7	0	0	0	0												√
	应交税费	教育费附加					3	0	0	0	0												√
	银行存款													1	1	0	0	0	0	0			√
合计			¥	1	1	0	0	0	0	0			¥	1	1	0	0	0	0	0			

附单据 4 张

会计主管：刘永忠　记账：赵刚　审核：马庆　出纳：姜斌　制单：陈华　领款人：

图 3-43　业务 11-5

业务十二：支付招待费会计处理

12. 1 月 7 日，开出转账支票一张，支付天香大酒店招待费 880 元。

招待费支票如图 3-44 所示。

图 3-44 　业务 12-1

借：管理费用——招待费　　　　　　　　　　　　　　　　880

　　贷：银行存款　　　　　　　　　　　　　　　　　　　　　　880

业务 12 凭证分录如图 3-45 所示。

付 款 凭 证

2022 年 1 月 7 日

出纳编号 ＿＿＿＿
制单编号 13 ＿＿

摘　　要	会计科目	明细科目	借方金额											贷方金额											记账符号	
			仟	佰	十	万	仟	佰	十	元	角	分	仟	佰	十	万	仟	佰	十	元	角	分		
支付招待费	管理费用	招待费					8	8	0	0	0												√	
	银行存款																8	8	0	0	0		√	
合计							￥	8	8	0	0	0					￥	8	8	0	0	0		

会计主管：刘永忠　记账：赵刚　审核：马庆　出纳：姜斌　制单：陈华　领款人：

图 3-45 　业务 12-2

业务十三：销售乙产品会计处理

13. 1 月 8 日，丹江新大机电有限公司销售乙产品 500 件，销售单价 300 元，增值税税率13%，销项税额 19 500 元，货已发出，款项尚未收到。

产品销售单如图 3-46 所示。

产品销售单

2022 年 1 月 8 日

单位	丹江新大机电有限公司				车号	
产品名称	规格	单位	数量	单价	金额（元）	备注
乙产品		件	500	300	150 000.00	
合计金额（大写）	壹拾伍万元整					

财务主管：刘永忠　　　　　　　　　制表：赵刚

图 3-46　业务 13-1

销售发票如图 3-47 所示。

4200164130　　全国统一发票监制章　　黑龙江　　黑龙江省增值税专用发票　　No：08640911
开票日期：2022 年 1 月 8 日

购买方	名称：丹江新大机电有限公司 统一社会信用代码：9981341343828616 地址、电话：丹江长安路 5 号 　　　　　　0453—6765008 开户行及账号：建行丹江太平路支行 　　　　　　066180360019977	密码区	略

货物或应税劳务名称	规格型号	单位	数量	单价	金额	税率（%）	税额
乙产品		件	500	300	¥150 000.00	13%	¥19 500.00

价税合计（大写）	⊗壹拾陆万玖仟伍佰元整　　（小写）¥169 500.00		

销售方	名称：黑龙江省永胜机械有限公司 统一社会信用代码：91231083130543468R 地址、电话：丹江市阳明区光华路 15 号　0453—6566778 开户行及账号：建设银行丹江阳明　332101909234218888	备注	黑龙江省永胜机械有限公司 ★ 发票专用章

收款人：李玉　　　　复核：徐平　　　　开票人：李刚　　　　销售方：（章）

图 3-47　业务 13-2

借：应收账款——新大机电　　　　　　　　　　169 500

　　贷：主营业务收入——乙产品　　　　　　　　　　150 000

　　　　应交税费——应交增值税——销项税额　　　　　19 500

业务 13 转账凭证如图 3-48 所示。

转 账 凭 证

2022 年 1 月 8 日

出纳编号 ___

制单编号 14

摘　　要	会计科目	明细科目	借方金额										贷方金额										记账符号
			仟	佰	十	万	仟	佰	十	元	角	分	仟	佰	十	万	仟	佰	十	元	角	分	
销售乙产品	应收账款	新大机电			1	6	9	5	0	0	0	0											√
	主营业务收入	乙产品													1	5	0	0	0	0	0	0	√
	应交税费	应交增值税—销项税额														1	9	5	0	0	0	0	√
合计			¥	1	6	9	5	0	0	0	0		¥	1	6	9	5	0	0	0	0		

附单据 2 张

会计主管：刘永忠　　记账：赵刚　　审核：马庆　　出纳：姜斌　　制单：陈华

图 3-48　业务 13-3

业务十四：偿还短期借款会计处理

14. 1 月 8 日，偿还短期借款 400 000 元，利息 30 000 元。

借款偿还回单如图 3-49 所示。

借款偿还凭证（传票回单）　编号

代号 205

借款单位名称	黑龙江永胜机械有限公司	放款账号		存款账号		231083130543468							
偿还借款金额		（大写）⊗肆拾叁万元整		佰	十	万	仟	佰	十	元	角	分	
				¥	4	3	0	0	0	0	0	0	
收回上列款项			记账日期　2022 年 1 月 8 日										
			主管　　　　复核　　　　记账										

图 3-49　业务 14-1

借：短期借款   400 000

  财务费用——利息   30 000

  贷：银行存款   430 000

业务 14 付款凭证如图 3-50 所示。

付 款 凭 证

2022 年 1 月 8 日

摘 要	会计科目	明细科目	借方金额										贷方金额										记账符号
			仟	佰	十	万	仟	佰	十	元	角	分	仟	佰	十	万	仟	佰	十	元	角	分	
偿还借款及利息	短期借款				4	0	0	0	0	0	0	0											√
	财务费用	利息				3	0	0	0	0	0	0											√
	银行存款													4	3	0	0	0	0	0	0	0	√
合计				¥	4	3	0	0	0	0	0	0		¥	4	3	0	0	0	0	0	0	

附单据 1 张

会计主管：刘永忠 记账：赵刚 审核：马庆 出纳：姜斌 制单：陈华 领款人：

图 3-50 业务 14-2

业务十五：购进 B 材料会计处理

15. 1 月 9 日，从丹江兴达五金有限公司购进 B 材料 3 000 个，每个单价 15 元，价款 45 000 元，增值税税率 13％，进项税额 5 850 元，材料已验收入库，款项尚未支付。

B 材料验收单如图 3-51 所示。

材 料 验 收 单

2022 年 1 月 9 日

供货单位：兴达五金   编号：

材料编号	材料名称	规格型号	单位	数量	单价	金额（元）	备注
1742	B 材料		个	3 000	15	45 000	
合计金额（大写）⊗肆万伍仟元整							

保管验收员：姜国   采购员：张永

图 3-51 业务 15-1

购 B 材料发票如图 3-52 所示。

4200164130

全国统一发票监制章
黑龙江

黑龙江省增值税专用发票
发票联

No：07640986
开票日期：2022 年 1 月 9 日

购买方	名称：黑龙江省永胜机械有限公司 统一社会信用代码：91231083130543468R 地址、电话：丹江市阳明区光华路 15 号 　　　　　0453－6566778 开户行及账号：建设银行丹江阳明支行 　　　　　3321019092342188888	密码区	略

货物或应税劳务名称	规格型号	单位	数量	单价	金额	税率（%）	税额
B 材料		个	3 000	15.00	¥45 000.00	13%	¥5 850.00

价税合计（大写）	⊗伍万零捌佰伍拾元整	（小写）¥50 850.00

销售方	名称：丹江兴达五金有限公司 统一社会信用代码：998134134971331 地址、电话：丹江北安路 5 号　0453－8765560 开户行及账号：中行丹江北安路分行　066180360014877	备注	丹江兴达五金有限公司 998134134971231 发票专用章

收款人：李玉　　　复核：徐平　　　开票人：李刚　　　　销售方：（章）

图 3-52　业务 15-2

借：原材料　　　　　　　　　　　　　　　　　　45 000
　　应交税费——应交增值税——进项税额　　　　5 850
　　　贷：应付账款——兴达五金有限公司　　　　　　　50 850

业务 15 转账凭证如图 3-53 所示。

转 账 凭 证

2022 年 1 月 9 日

出纳编号　____
制单编号　16

摘　要	会计科目	明细科目	借方金额								贷方金额								记账符号
			仟	佰	十	万	仟	佰	十	元	角	分	仟	佰	十	万	仟	佰	十	元	角	分	
购 B 材料	原材料					4	5	0	0	0	0	0											√
	应交税费	应交增值税—进项税额					5	8	5	0	0	0											√
	应付账款	兴达五金有限公司													5	0	8	5	0	0	0		√
合计					¥	5	0	8	5	0	0	0		¥	5	0	8	5	0	0	0	

附单据 2 张

会计主管：刘永忠　　记账：赵刚　　审核：马庆　　出纳：姜斌　　制单：陈华

图 3-53　业务 15-3

业务十六：购进商标权会计处理

16. 1月9日，单位购进一项商标权，价格为 10 000 元。

商标转让合同如图 3-54 所示。

商标转让合同

转让方（甲方）：黑龙江省汉文科技有限公司
　　受让方（乙方）：黑龙江省永胜机械有限公司
　　根据《中华人民共和国商标法》，《中华人民共和国商标法实施条例》及《中华人民共和国合同法》的有关规定，甲乙双方经友好协商，现甲方自愿将在中国注册的第 054489 号商标转让给乙方，达成协议如下：
　　一、转让费为人民币 10 000.00 元整，以收款收据为准，付款方式，签合同时一次付清。
　　二、本协议自双方签字盖章之日起生效，合同签订之日至该商标核准转让之前乙方拥有商标核定使用商品独占使用权。
　　三、商标转让申请具体手续由乙方负责办理，转让费用由乙方承担，甲方提供办理上述有效商标转让的一切文件、证件，并保证该等文件的真实，合法，有效。该商标转让全过程中，转让人必须协助受让人办理过户所需的一切资料提供至该商标成功转让至乙方名下为止。
　　四、甲方保证转让的注册商标拥有的合法性及不存在权利瑕疵，具体地说：①转让的商标在转让之日前没有给第三者办理过许可使用；②转让的商标在转让之前不存在与第三方商标争议；③转让的商标在转让之前不存在被第三者财产诉讼保全；④按照《中华人民共和国商标法实施细则》第二十一条规定，甲方应将自己在同一类或者类似商品上注册或申请中的相同或者近似的注册商标一并办理转让；⑤要求一并转让的商标乙方不另支付额外费用。
　　五、转让的注册商标如因甲方原因导致商标无效，要负责全额退还商标转让费。
　　六、甲乙双方履行合同过程中如有争议，应友好协商，协商不成提起诉讼，甲乙双方应在乙方所在地人民法院提起诉讼。
　　七、违约责任，在签订此协议之前或者之后如甲方将上述商标卖给其他单位或个人，应负相关法律责任，赔偿乙方转让费 10 倍违约金。
　　八、本协议一式三份，甲乙双方各执一份，国家商标局备案一份。
　　九、合同未尽事宜由双方协商补充解决，补充条款与本合同具备同等法律效力。双方认为需要补充的内容：

　　甲方（盖章）：

　　代表人（签字）：李福祥

　　乙方（盖章）：

　　代表人（签字）：赵阳

2022 年 1 月 9 日

图 3-54　业务 16-1

转让商标收据如图 3-55 所示。

收　　据

人民币	⊗壹万元整	
系	转让商标款	￥10 000.00

领收单位：（黑龙江省永胜机械有限公司 财务专用章 ★）

单位负责人：李富祥　　　　　　领收人姓名：姜永国

2022 年 1 月 9 日

图 3-55　业务 16-2

开出转账支票如图 3-56 所示。

中国建设银行 转账支票存根	中国建设银行　　转账支票	10502330 4304247
	出票日期（大写）：贰零贰贰年零壹月零玖日	付款行名称：中国建设银行丹江市阳明支行
10502330 4304247	收款人：黑龙江省汉文科技有限公司 人民币（大写）：壹万元整	出票人账号：9123108313054346Z

	亿	仟	佰	十	万	仟	佰	十	元	角	分
					￥	1	0	0	0	0	0

附加信息：　　（赵阳之印）　用途：购商标款

出票日期：2022 年 1 月 9 日　　上列款项请从　　　　密码：235457634657678

收款人：黑龙江省汉文科技有限公司　我账户内支付　　　行号：343385

金　额：￥10 000.00　　出票人签章（黑龙江省永胜机械有限公司 财务专用章 ★）（赵阳之印）　复核　　　记账

用　途：购商标款

单位主管：刘永忠　会计：马庆

图 3-56　业务 16-3

业务 16 付款凭证如图 3-57 所示。

借：无形资产——商标权　　　　　　　　　　　　　10 000

贷：银行存款　　　　　　　　　　　　　　　　　　　　10 000

2022 年 1 月 9 日

摘　要	会计科目	明细科目	借方金额										贷方金额										记账符号	
			仟	佰	十	万	仟	佰	十	元	角	分	仟	佰	十	万	仟	佰	十	元	角	分		
支购商标款	无形资产	商标权				1	0	0	0	0	0	0											√	附单据3张
	银行存款															1	0	0	0	0	0	0	√	
合计					¥	1	0	0	0	0	0	0			¥	1	0	0	0	0	0	0		

会计主管：刘永忠　　记账：赵刚　　审核：马庆　　出纳：姜斌　　制单：陈华　　领款人：

图 3-57　业务 16-4

业务十七：在建工程验收会计处理

17. 1 月 10 日，在建工程——生产线安装完毕，已通过验收，投入使用，价值 250 000 元。

固定资产交付使用单如图 3-58 所示。

固定资产交付使用单

使用部门：二车间　　　　　　　　　日期　2022 年 1 月 10 日

设备名称	生产线	设备编号	1100879
规格型号	—	原始价值	250 000.00
生产单位	—	预计使用年限	10 年
出厂日期	—	预计净残值	5%
验收项目	验收记录		负责人
运转状况	良好		李军武
精度测试	良好		李军武
达产程度	良好		李军武
环境检查	良好		李军武
综合意见	可以投入使用		李军武

验收人：高军　　　　　　　设备主管：王瑞　　　　　　　财务主管：刘永忠

图 3-58　业务 17-1

借：固定资产——生产线　　　　　　　　　　　　　　250 000
　　贷：在建工程——生产线　　　　　　　　　　　　　250 000
业务 17 转账凭证如图 3-59 所示。

转　账　凭　证

出纳编号 ＿＿＿
制单编号　18

2022 年 1 月 10 日

摘　　要	会计科目	明细科目	借方金额										贷方金额										记账符号
			仟	佰	十	万	仟	佰	十	元	角	分	仟	佰	十	万	仟	佰	十	元	角	分	
生产线转固定资产	固定资产	生产线		2	5	0	0	0	0	0	0												√
	在建工程	生产线												2	5	0	0	0	0	0	0		√
合计			¥	2	5	0	0	0	0	0	0		¥	2	5	0	0	0	0	0	0		

附单据 1 张

会计主管：刘永忠　　　记账：赵刚　　　审核：马庆　　　出纳：姜斌　　　制单：陈华

图 3-59　业务 17-2

业务十八：收到乙公司应收账款会计处理

18. 1 月 10 日，收到乙公司应收账款 46 400 元。

进账单如图 3-60 所示。

中国建设银行进账单（回单或收账通知）

进账日期：2022 年 1 月 10 日　　　第 0432 号

收款人	全　称	黑龙江省永胜机械有限公司	付款人	全　称	乙公司									
	账　号	91231083130543468R		账　号	66180360011256									
	开户银行	建设银行丹江阳明支行		开户银行	建行丹江太平路支行									
						仟	佰	十	万	仟	佰	十	元	角	分
人民币（大写）：⊗肆万陆仟肆佰元整								¥	4	6	4	0	0	0	0
票据种类		转账支票													
票据张数		1	收款人开户银行盖章					建设银行 丹江阳明支行 2022.1.10 转讫							
主管：刘永忠　　　记账：马庆															

此联给收款人的收账通知

图 3-60　业务 18-1

借：银行存款   46 400

    贷：应收账款——乙公司   46 400

业务 18 收款凭证如图 3-61 所示。

收 款 凭 证

2022 年 1 月 10 日

摘 要	会计科目	明细科目	借方金额 仟 佰 十 万 仟 佰 十 元 角 分	贷方金额 仟 佰 十 万 仟 佰 十 元 角 分	记账符号
收回应收账款	银行存款		4 6 4 0 0 0 0		√
	应收账款	乙公司		4 6 4 0 0 0 0	√
合计			￥ 4 6 4 0 0 0 0	￥ 4 6 4 0 0 0 0	

附单据 1 张

会计主管：刘永忠   记账：赵刚   审核：马庆   出纳：姜斌   制单：陈华   领款人：

图 3-61   业务 18-2

业务十九：车间领取 A 材料会计处理

19. 1 月 10 日，车间领取原库存 A 材料 1 000 件，单价 34 元，领取 B 材料 1 000 个，单价 15 元，用来生产甲产品。

车间领料单如图 3-62 所示。

材 料 领 取 单

2022 年 1 月 10 日

领取单位：车间   编号

材料编号	材料名称	规格型号	单位	数量	单价	金额	备注
001	A 材料		件	1 000	34	34 000	
002	B 材料		个	1 000	15	15 000	
	合计					49 000	

合计金额（大写）⊗肆万玖仟元整

主管领导：汪文   保管验收员：姜永   领料人：张永彬

图 3-62   业务 19-1

借：生产成本——甲产品　　　　　　　　　　　　　49 000

　　贷：原材料——A材料　　　　　　　　　　　　　　　34 000

　　　　　　——B材料　　　　　　　　　　　　　　　　15 000

业务 19 转账凭证如图 3-63 所示。

转 账 凭 证

2022 年 1 月 10 日

出纳编号　____

制单编号　20　

摘　　要	会计科目	明细科目	借方金额										贷方金额										记账符号
			仟	佰	十	万	仟	佰	十	元	角	分	仟	佰	十	万	仟	佰	十	元	角	分	
车间领材料	生产成本	甲产品				4	9	0	0	0	0	0											√
	原材料	A材料														3	4	0	0	0	0	0	√
		B材料														1	5	0	0	0	0	0	√
合计					¥	4	9	0	0	0	0	0			¥	4	9	0	0	0	0	0	

附单据 1 张

会计主管：刘永忠　　记账：赵刚　　审核：马庆　　出纳：姜斌　　制单：陈华　　领款人：

图 3-63　业务 19-2

业务二十：支付广告费会计处理

20.1 月 10 日，用银行存款支付广告费用 5 300 元。

广告费发票如图 3-64 所示。

4200164130　　　　　　　黑龙江省增值税普通发票　　　　　　No：08751228

发票联　　　　　开票日期：2022 年 1 月 10 日

购买方	名称：黑龙江省永胜机械有限公司 统一社会信用代码：91231083130543468R 地址、电话：丹江市阳明区光华路 15 号 　　0453－6566778 开户行及账号：建设银行丹江阳明支行 　　3321019092342188888	密码区	略			
货物或应税劳务名称	规格型号	单位	数量	单价	金额	税率（％）	税额

货物或应税劳务名称	规格型号	单位	数量	单价	金额	税率（％）	税额
广告费			1	5 000	¥5 000.00	6％	¥300
价税合计（大写）	⊗伍仟叁佰元整					（小写）¥5 300.00	

销售方	名称：丹江雪城广告有限公司 统一社会信用代码：9981341343828789 地址、电话：丹江江东路 24 号　0453－8765079 开户行及账号：建行丹江太平路支行　6618036001961375	备注	

收款人：李文　　　　复核：王平　　　　开票人：姜玉　　　　销售方：（章）

图 3-64　业务 20-1

电汇凭证如图 3-65 所示。

中国建设银行　　电 汇 凭 证

进账日期：2022 年 1 月 10 日　　　第 14225 号

<table>
<tr><td rowspan="3">付款人</td><td>全　　称</td><td>黑龙江省永胜机械有限公司</td><td rowspan="3">收款人</td><td>全　　称</td><td colspan="10">丹江雪城广告有限公司</td></tr>
<tr><td>账　　号</td><td>332101909234218888</td><td>账　　号</td><td colspan="10">886180360012399</td></tr>
<tr><td>开户银行</td><td>丹江市建行阳明支行</td><td>开户银行</td><td colspan="10">丹江市工行太平路支行</td></tr>
<tr><td colspan="3" rowspan="2">人民币（大写）：⊗伍仟叁佰元整</td><td rowspan="2"></td><td>仟</td><td>佰</td><td>十</td><td>万</td><td>仟</td><td>佰</td><td>十</td><td>元</td><td>角</td><td>分</td></tr>
<tr><td></td><td></td><td></td><td>¥</td><td>5</td><td>3</td><td>0</td><td>0</td><td>0</td><td>0</td></tr>
<tr><td colspan="3" rowspan="4"></td><td colspan="11">支付密码：</td></tr>
<tr><td colspan="11">附加信息及用途：广告费</td></tr>
<tr><td colspan="11">此汇款支付给收款人</td></tr>
<tr><td colspan="11">客户签章</td></tr>
</table>

主管：××　　　　授权：××　　　　复核：××　　　　录入：××

图 3-65　业务 20-2

借：销售费用——广告费　　　　　　　　　　　　　　　　5 300

　　贷：银行存款　　　　　　　　　　　　　　　　　　　　　　　5 300

业务 20 付款凭证如图 3-66 所示。

付 款 凭 证

出纳编号　____
制单编号　21

2022 年 1 月 10 日

摘　要	会计科目	明细科目	借方金额										贷方金额										记账符号
			仟	佰	十	万	仟	佰	十	元	角	分	仟	佰	十	万	仟	佰	十	元	角	分	
支付广告费	销售费用	广告费					5	3	0	0	0	0											√
	银行存款																5	3	0	0	0	0	√
合计					¥	5	3	0	0	0	0				¥	5	3	0	0	0	0		

会计主管：刘永忠　记账：赵刚　审核：马庆　出纳：姜斌　制单：陈华　领款人：

图 3-66　业务 20-3

业务二十一：支付电费会计处理

21.1 月 12 日，向供电局交纳电费 9 492 元。

电费发票如图 3-67 所示。

4200164130

黑龙江
黑龙江省增值税专用发票

No：087513891

开票日期：2022 年 1 月 12 日

购买方	名称：黑龙江省永胜机械有限公司 统一社会信用代码：91231083130543468R 地址、电话：丹江市阳明区光华路 15 号 0453—6566778 开户行及账号：建设银行丹江阳明支行 332101909234218888				密码区	略		
货物或应税劳务名称	规格型号	单位	数量	单价	金额	税率（％）	税额	
电费			10 500	0.80	￥8 400.00	13%	￥1 092.00	
价税合计（大写）		⊗玖仟肆佰玖拾贰元整				（小写）￥9 492.00		
销售方	名称：丹江市阳明区供电局 统一社会信用代码：9981341343579889 地址、电话：丹江江滨路 2 号　0453—8765889 开户行及账号：建行丹江太平路支行　6618036002084575				备注	丹江市阳明区供电局 ★ 发票专用章		

收款人：李文　　　　复核：王平　　　　开票人：姜玉　　　　销售方：（章）

图 3-67　业务 21-1

电汇凭证如图 3-68 所示。

中国建设银行　　　电 汇 凭 证

进账日期：2022 年 1 月 12 日　　　第 14226 号

付款人	全　称	黑龙江省永胜机械有限公司	收款人	全　称	丹江市阳明区供电局									
	账　号	332101909234218888		账　号	6618036002084575									
	开户银行	丹江市建行阳明支行		开户银行	丹江市建行太平路支行									
					仟	佰	十	万	仟	佰	十	元	角	分
人民币（大写）：⊗玖仟肆佰玖拾贰元整								￥	9	4	9	2	0	0
中国建设银行股份有限公司 丹江市阳明支行 2022.1.12 业务专用章			支付密码：											
			附加信息及用途：电费											
		客户签章	此汇款支付给收款人											

第二联 客户回单

主管：×× 　　　授权：×× 　　　复核：×× 　　　录入：××

图 3-68　业务 21-2

电费分配表如图 3-69 所示。

2022 年 1 月电费分配表

总表数（度）	电价（元/度）	当月应缴电费金额			
10 500	0.8	8 400			
部门名称	分表数	电价（元/度）	电费金额	增值税 13%	合计金额
管理部门	500	0.8	400.00	52.00	452.00
销售部门	300	0.8	240.00	31.20	271.20
生产车间	9 700	0.8	7 760.00	1 008.80	8 768.80
合计	10 500		8 400.00	1 092.00	9 492.00

主管领导：汪文   电工制表：邵刚

图 3-69　业务 21-3

虽然各个部门都用电费，但在实际工作中，把电费都计入制造费用，不再细分，此图作为内部管理依据。

借：制造费用——电费　　　　　　　　　　　　　　8 400

应交税费——应交增值税——进项税额　　　　1 092

贷：银行存款　　　　　　　　　　　　　　　　　　9 492

业务 21 付款凭证如图 3-70 所示。

付　款　凭　证

出纳编号　____
制单编号　22____

2022 年 1 月 12 日

摘　要	会计科目	明细科目	借方金额									贷方金额									记账符号
			仟	佰	十	万	仟	佰	十	元	角	分	仟	佰	十	万	仟	佰	十	元	角	分	
支付电费	制造费用	电费					8	4	0	0	0	0											√
	应交税费	应交增值税—进项税额					1	0	9	2	0	0											√
	银行存款																9	4	9	2	0	0	√
合计				￥	9	4	9	2	0	0				￥	9	4	9	2	0	0			

附单据 3 张

会计主管：刘永忠　　记账：赵刚　　审核：马庆　　出纳：姜斌　　制单：陈华　　领款人：

图 3-70　业务 21-4

业务二十二：提取备用金会计处理

22. 1月13日，到银行提取现金5 000元备用。

现金支票如图3-71所示。

中国建设银行 转账支票存根	中国建设银行　　现金支票	10502330 4305448
	出票日期（大写）：贰零贰贰年零壹月壹拾叁日	付款行名称：中国建设银行丹江市 阳明支行
10502330 4305448	收款人：本单位	出票人账号：912310831305434662
附加信息：　　　　赵阳之印	人民币（大写）伍仟元整	亿 仟 佰 十 万 仟 佰 十 元 角 分 　　　　　 ¥ 5 0 0 0 0 0
出票日期：2022年1月13日	用途：备用款	
	上列款项请从	密码：235457634657678
收款人：	我账户内支付　黑龙江省永胜机械有限公司	行号：343385
金　额：¥5 000.00	出票人签章　财务专用章　赵阳之印	复核　　　　　记账
用　途：备用款		
单位主管：刘永忠　会计：马庆		

图3-71　业务22-1

借：库存现金　　　　　　　　　　　　　　　　　　　　　　5 000
　　贷：银行存款　　　　　　　　　　　　　　　　　　　　　　5 000

业务22付款凭证如图3-72所示。

付　款　凭　证

出纳编号　___
制单编号　23

2022年1月13日

摘　要	会计科目	明细科目	借方金额											贷方金额											记账符号
			仟	佰	十	万	仟	佰	十	元	角	分	仟	佰	十	万	仟	佰	十	元	角	分	
提取现金	库存现金					5	0	0	0	0	0													√
	银行存款															5	0	0	0	0	0		√
合计					¥	5	0	0	0	0	0				¥	5	0	0	0	0	0		

附单据1张

会计主管：刘永忠　记账：赵刚　审核：马庆　出纳：姜斌　制单：陈华　领款人：

图3-72　业务22-2

业务二十三：用现金支付运杂费会计处理

23. 1 月 15 日用现金支付生产部门发生的运杂费 515 元。

运输费发票如图 3-73 所示。

4200164130　　　　黑龙江省增值税普通发票　　　　No：087513891

全国统一发票监制章
黑龙江
国家税务局制
发票联

开票日期：2022 年 1 月 15 日

购买方	名称：黑龙江省永胜机械有限公司 统一社会信用代码：91231083130543468R 地址、电话：丹江市阳明区光华路 15 号 　　　　　　0453－6566778 开户行及账号：建设银行丹江阳明支行 　　　　　　332101909234218888	密码区	略			
货物或应税劳务名称	规格型号	单位	数量	单价	金额	税率（％）	税额
运输费用			1	500	¥500.00	3％	¥15.00
价税合计（大写）	⊗伍佰壹拾伍元整				（小写）¥515.00		
销售方	名称：丹江市通达运输公司 统一社会信用代码：9981341343579899 地址、电话：丹江江滨路 152 号　0453－6585889 开户行及账号：建行丹江太平路支行　6618036002083585	备注	丹江市通达运输公司 ★ 发票专用章			

收款人：王文　　　复核：李平　　　开票人：李浩　　　销售方：（章）

图 3-73　业务 23-1

借：制造费用——运费　　　　　　　　　　　　　　　515
　　贷：库存现金　　　　　　　　　　　　　　　　　　　515

业务 23 付款凭证如图 3-74 所示。

付 款 凭 证

2022 年 1 月 15 日

出纳编号 ＿＿＿＿
制单编号 24

摘　要	会计科目	明细科目	借方金额										贷方金额										记账符号
			仟	佰	十	万	仟	佰	十	元	角	分	仟	佰	十	万	仟	佰	十	元	角	分	
支付运输费	制造费用	运费					5	1	5	0	0													√
	库存现金																5	1	5	0	0		√
合计					¥	5	1	5	0	0					¥	5	1	5	0	0			

附单据 1 张

会计主管：刘永忠　　记账：赵刚　　审核：马庆　　出纳：姜斌　　制单：陈华　　领款人：

图 3-74　业务 23-2

业务二十四：支付电话费会计处理

24. 1月16日，缴纳各部门电话费共计5 150元，如图3-75所示。

全国统一发票监制章

黑龙江

4200164130　　黑龙江省增值税普通发票　　No：087513891

国家税务总局制

发票联　　　　　开票日期：2022年1月16日

购买方	名称：黑龙江省永胜机械有限公司 统一社会信用代码：91231083130543468R 地址、电话：丹江市阳明区光华路15号 　　　　　0453－6566778 开户行及账号：建设银行丹江阳明支行 　　　　　332101909234218888	密码区	略			

货物或应税劳务名称	规格型号	单位	数量	单价	金额	税率（%）	税额
电话费		分钟	50 000	0.1	¥5 000.00	3%	¥150.00

价税合计（大写）	⊗伍仟壹佰伍拾元整	（小写）¥5 150.00

销售方	名称：丹江市阳明区电信公司 统一社会信用代码：9981341343589789 地址、电话：丹江江滨路248号　0453－8765889 开户行及账号：建行丹江太平路支行　6618036002088899	备注	丹江市阳明区电信公司 ★ 发票专用章

收款人：李文世　　　复核：王小平　　　开票人：刘玉　　　销售方：（章）

图3-75　业务24-1

一月份电话费分配表如图3-76所示。

2022年1月电话费分配表

总数（分钟）	单价（元/分）	当月应缴电话费金额		
50 000	0.1	5 000		
部门名称	数量	单价（元/分）	电话费金额	增值税3%	合计金额
管理部门	12 500	0.1	1 250.00	37.50	1 287.50
销售部门	28 000	0.1	2 800.00	84.00	2 884.00
生产车间	9 500	0.1	950.00	28.50	978.50
合计	50 000		5 000.00	150.00	5 150.00

主管领导：汪文　　　　　制表：邵刚

图3-76　业务24-2

虽然各个部门都用电话费，但在实际工作中，把生产车间用电话费计入管理费用，不计入成本，此图作为内部管理依据。

电汇凭证如图 3-77 所示。

中国建设银行　　电 汇 凭 证

进账日期：2022 年 1 月 16 日　　　第 14356 号

付款人	全称	黑龙江省永胜机械有限公司		收款人	全称	丹江市阳明区电信公司									
	账号	332101909234218888			账号	6618036002088899									
	开户银行	丹江市建行阳明支行			开户银行	丹江市建行太平路支行									

					仟	佰	十	万	仟	佰	十	元	角	分
人民币（大写）：⊗伍仟壹佰伍拾元整								￥	5	1	5	0	0	0

支付密码：

（中国建设银行股份有限公司 丹江市阳明支行 2022.1.16 业务专用章）

附加信息及用途：电话费

此汇款支付给收款人

客户签章

主管：×× 　　　授权：×× 　　　复核：×× 　　　录入：××

第二联客户回单

图 3-77　业务 24-3

借：管理费用——电话费　　　　　　　　　　　　2 266
　销售费用——电话费　　　　　　　　　　　　2 884
　　贷：银行存款　　　　　　　　　　　　　　　　　5 150

业务 24 付款凭证如图 3-78 所示。

付 款 凭 证

出纳编号 ＿＿＿
制单编号　25

2022 年 1 月 16 日

摘要	会计科目	明细科目	借方金额										贷方金额										记账符号
			仟	佰	十	万	仟	佰	十	元	角	分	仟	佰	十	万	仟	佰	十	元	角	分	
支付电话费	管理费用	电话费					2	2	6	6	0	0											√
	销售费用	电话费					2	8	8	4	0	0											√
	银行存款																5	1	5	0	0	0	√
合计						￥	5	1	5	0	0	0				￥	5	1	5	0	0	0	

附单据 3 张

会计主管：刘永忠　记账：赵刚　审核：马庆　出纳：姜斌　制单：陈华　领款人：

图 3-78　业务 24-4

业务二十五：购进 C 材料会计处理

25. 1 月 19 日，从鑫伟物资有限公司购进 C 材料一批，数量 500 件，单价 400 元，合计货款金额为 200 000 元，进项税 26 000 元。之前预付货款 120 000 元，现付 106 000 元剩余货款。

购入材料发票如图 3-79 所示。

4200164130

全国统一发票监制章
黑龙江
国家税务局监制

黑龙江省增值税专用发票
发票联

No：07654826
开票日期：2022 年 1 月 19 日

购买方	名称：黑龙江省永胜机械有限公司 统一社会信用代码：91231083130543468R 地址、电话：丹江市阳明区光华路 15 号 0453—6566778 开户行及账号：建设银行丹江阳明支行 3321019092342188888		密码区	略			
货物或应税劳务名称 C 材料	规格型号	单位 件	数量 500	单价 400.00	金额 ¥200 000.00	税率（%） 13%	税额 ¥26 000.00
价税合计（大写）	⊗贰拾贰万陆仟元整				（小写）¥226 000.00		
销售方	名称：鑫伟物资有限公司 统一社会信用代码：998134134971335 地址、电话：丹江北安路 45 号 0453—8765478 开户行及账号：工行丹江北安分理处 066180360018897		备注	鑫伟物资有限公司 998134134971335 发票专用章			

收款人：李玉　　　　复核：徐平　　　　开票人：李刚　　　　销售方：（章）

图 3-79　业务 25-1

C 材料验收单如图 3-80 所示。

材料验收单

2022 年 1 月 19 日

供货单位：鑫伟物资有限公司　　　　　　　　　　　　　　　编号：

材料编号	材料名称	规格型号	单位	数量	单价	金额（元）	备注
1184	C 材料		件	500	400	200 000	

合计金额（大写）⊗贰拾万元整

保管验收员：姜国　　　　　　　　　　采购员：张永

图 3-80　业务 25-2

转账支票如图 3-81 所示。

图 3-81　业务 25-3

借：原材料——C 材料　　　　　　　　　　　　　　　　200 000
　　应交税费——应交增值税——进项税额　　　　　　　 26 000
　　贷：预付账款　　　　　　　　　　　　　　　　　　　　　　120 000
　　　　银行存款　　　　　　　　　　　　　　　　　　　　　　106 000

业务 25 付款凭证如图 3-82 所示。

付　款　凭　证

出纳编号 ____
制单编号 26

2022 年 1 月 19 日

摘　要	会计科目	明细科目	借方金额										贷方金额										记账符号
			仟	佰	十	万	仟	佰	十	元	角	分	仟	佰	十	万	仟	佰	十	元	角	分	
购进 C 材料	原材料	C 材料			2	0	0	0	0	0	0	0											√
	应交税费	应交增值税—进项税额				2	6	0	0	0	0	0											√
	预付账款													1	2	0	0	0	0	0	0	0	√
	银行存款													1	0	6	0	0	0	0	0	0	√
合计			¥	2	2	6	0	0	0	0	0	0	¥	2	2	6	0	0	0	0	0	0	

附单据 3 张

会计主管：刘永忠　记账：赵刚　审核：马庆　出纳：姜斌　制单：陈华　领款人：

图 3-82　业务 25-4

业务二十六：车间领取 B 材料会计处理

26. 1 月 20 日，车间领取 B 材料 1 000 个，单价 15 元，金额 15 000 元，领取 C 材料 200 件，单价 400 元，金额 80 000 元，用来生产乙产品。

材料领料单如图 3-83 所示。

材 料 领 取 单

2022 年 1 月 20 日

领取单位：车间　　　　　　　　　　　　　　　　　　　　　　编号

材料编号	材料名称	规格型号	单位	数量	单价	金额	备注
1102	B 材料		个	1 000	15	15 000	
1101	C 材料		件	200	400	80 000	
	合计					95 000	

合计金额（大写）　⊗玖万伍仟元整

主管领导：汪文　　　保管验收员：姜永　　　领料人：张永彬

图 3-83　业务 26-1

借：生产成本——乙产品　　　　　　　　　　　　　　95 000
　　贷：原材料——B 材料　　　　　　　　　　　　　　　　15 000
　　　　　　　　C 材料　　　　　　　　　　　　　　　　　80 000

业务 26 转账凭证如图 3-84 所示。

转 账 凭 证

2022 年 1 月 20 日

出纳编号 ＿＿＿
制单编号　27

摘　要	会计科目	明细科目	借方金额										贷方金额										记账符号
			仟	佰	十	万	仟	佰	十	元	角	分	仟	佰	十	万	仟	佰	十	元	角	分	
车间领材料	生产成本	乙产品			9	5	0	0	0	0	0												√
	原材料	B 材料													1	5	0	0	0	0	0		√
		C 材料													8	0	0	0	0	0	0		√
合计				￥	9	5	0	0	0	0	0			￥	9	5	0	0	0	0	0		

附单据 1 张

会计主管：刘永忠　　记账：赵刚　　审核：马庆　　出纳：姜斌　　制单：陈华　　领款人：

图 3-84　业务 26-2

业务二十七：缴纳水费会计处理

27. 1月22日，缴纳水费2 090.00元，增值税税率9％，增值税188.10元，取得增值税专用发票一张。

水费发票如图3-85所示。

	黑龙江省增值税专用发票 发票联					No：07654985 开票日期：2022年1月22日		
购买方	名称：黑龙江省永胜机械有限公司 统一社会信用代码：91231083130543468R 地址、电话：丹江市阳明区光华路15号 　　　　　　0453—6566778 开户行及账号：建设银行丹江阳明支行 　　　　　　3321019092342188888				密码区	略		
货物或应税劳务名称	规格 型号	单位	数量	单价	金额	税率（％）		税额
水费		吨	550	3.8	¥2 090.00	9％		¥188.10
价税合计（大写）	⊗贰仟贰佰柒拾捌元壹角整					（小写）¥2 278.10		
销售方	名称：丹江市自来水公司 统一社会信用代码：998134134978795 地址、电话：丹江长安街45号　0453—8899478 开户行及账号：工行丹江北安分理处　066180360517897				备注	丹江市自来水公司 998134134971335 发票专用章		

4200164130

收款人：李方　　复核：徐加　　开票人：王刚　　销售方：（章）

图3-85　业务27-1

电汇凭证如图3-86所示。

中国建设银行　电汇凭证

进账日期：2022年1月22日　　第15156号

付款人	全　称	黑龙江省永胜机械有限公司	收款人	全　称	丹江市自来水公司											
	账　号	332101909234218888		账　号	066180360517897											
	开户银行	丹江市建行阳明支行		开户银行	工行丹江北安分理处	仟	佰	十	万	仟	佰	十	元	角	分	
人民币（大写）：⊗贰仟贰佰柒拾捌元壹角整										¥	2	2	7	8	1	0
中国建设银行股份有限公司 丹江市阳明支行 2022.1.22 业务专用章			支付密码：													
			附加信息及用途：水费													
		客户签章	此汇款支付给收款人													

主管：××　　　授权：××　　　复核：××　　　录入：××

图3-86　业务27-1

借：制造费用——水费　　　　　　　　　　　　2 090
　　应交税费——应交增值税——进项税额　　　188.10
　　贷：银行存款　　　　　　　　　　　　　　　2 278.10
业务 27 付款凭证如图 3-87 所示。

付　款　凭　证

出纳编号　____
制单编号　 28

2022 年 1 月 22 日

摘　要	会计科目	明细科目	借方金额										贷方金额										记账符号
			仟	佰	十	万	仟	佰	十	元	角	分	仟	佰	十	万	仟	佰	十	元	角	分	
支付水费	制造费用	水费				2	0	9	0	0	0												√
	应交税费	应交增值税—进项税额					1	8	8	1	0												√
	银行存款														2	2	7	8	1	0		√
合计					¥	2	2	7	8	1	0				¥	2	2	7	8	1	0		

附单据 3 张

会计主管：刘永忠　记账：赵刚　审核：马庆　出纳：姜斌　制单：陈华　领款人：

图 3-87　业务 27-3

业务二十八：摊销无形资产会计处理

28. 1 月 25 日，摊销无形资产专利权 800 元，商标权摊销额 2 200 元。

无形资产摊销明细表如图 3-88 所示。

无形资产摊销分配表

2022 年 1 月 25 日

项　目	摊销时间	摊销金额	备　注
专利权	1 月份	800.00	行政部门
商标权	1 月份	2 200.00	车间
合计		3 000.00	

财务主管：刘永忠　　　　　　制表：穆东

图 3-88　业务 28-1

借：制造费用——无形资产摊销　　　　　　　　　　　　　2 200

管理费用——无形资产摊销　　　　　　　　　　　　　800

贷：累计摊销　　　　　　　　　　　　　　　　　　　　　3 000

业务 28 转账凭证如图 3-89 所示。

出纳编号 ____

制单编号 _29_

2022 年 1 月 25 日

摘 要	会计科目	明细科目	借方金额										贷方金额										记账符号
			仟	佰	十	万	仟	佰	十	元	角	分	仟	佰	十	万	仟	佰	十	元	角	分	
摊销无形资产	制造费用	无形资产摊销					2	2	0	0	0	0											√
	管理费用	无形资产摊销						8	0	0	0	0											√
		累计摊销															3	0	0	0	0	0	√
合计							¥	3	0	0	0	0	0					¥	3	0	0	0	0	0

附单据 1 张

会计主管：刘永忠　　　记账：赵刚　　　审核：马庆　　　出纳：姜斌　　　制单：陈华

图 3-89　业务 28-2

业务二十九：计提固定资产折旧会计处理

29. 1 月 25 日，计提 1 月份固定资产折旧，汇总后车间计提 3 500 元，管理部门计提 1 500 元，销售部门计提 500 元，合计 5 500 元。相关单据如图 3-90所示。

固定资产计提折旧明细表

2022 年 1 月 25 日

项 目	计提时间	计提金额	备 注
车间	1 月份	3 500.00	
管理部门	1 月份	1 500.00	
销售部门	1 月份	500.00	
合计		5 500.00	

财务主管：刘永忠　　　　　　　　　　　　制表：穆东

图 3-90　业务 29-1

借：制造费用——折旧　　　　　　　　　　3 500
　　管理费用——折旧　　　　　　　　　　1 500
　　销售费用——折旧　　　　　　　　　　　500
　　贷：累计折旧　　　　　　　　　　　　　　　5 500

业务 29 转账凭证如图 3-91 所示。

转　账　凭　证

2022 年 1 月 25 日

出纳编号 ＿＿＿
制单编号 30 ＿＿

摘　　要	会计科目	明细科目	借方金额										贷方金额										记账符号
			仟	佰	十	万	仟	佰	十	元	角	分	仟	佰	十	万	仟	佰	十	元	角	分	
计提固定资产折旧	制造费用	折旧					3	5	0	0	0	0											√
	管理费用	折旧					1	5	0	0	0	0											√
	销售费用	折旧						5	0	0	0	0											√
	累计折旧																5	5	0	0	0	0	√
合计							￥	5	5	0	0	0	0					￥	5	5	0	0	0	0

附单据 1 张

会计主管：刘永忠　记账：赵刚　审核：马庆　出纳：姜斌　制单：陈华　领款人：

图 3-91　业务 29-2

业务三十：租入固定资产会计处理

30. 1 月 26 日，企业租入一台生产用设备，用于生产甲产品，租期 2 个月，租金 5 000 元，先付押金 1 000 元，剩余租金 4 000 元尚未支付。

租赁合同如图 3-92 所示。

生产设备租赁合同

甲方：黑龙江省永胜机械有限公司

乙方：丹江正大机械有限公司

甲方向乙方租用生产设备一台，有关事项经甲乙双方协商后达成如下协议：

1. 租用设备品名、数量及金额

吊车一台，租金 5 000 元。

租用期限：2022 年 2 月 1 日至 2022 年 3 月 31 日

2. 付款方式

甲方需一次性付款，货款以现金方式支付。合同签订后，甲方向乙方缴纳人民币壹仟元（￥1 000）设备押金；余下款项待甲方对生产设备验收无误后一次性付清。

3. 交货日期

经双方协商，乙方在收到甲方押金后，必须在 2019 年 2 月 1 日前交货，同时乙方应对所提供的生产设备保质保量，确保甲方生产的正常使用。

4. 交货地点：黑龙江省永胜机械有限公司

5. 甲方要求

①乙方按合同时间及时向甲方提供所需生产设备，不得任意调换设备品牌，如有特殊情况，需经甲方同意方可办理。

②在合同期内，如生产设备发生故障，可随时通知乙方，乙方最迟不超过第二天上门维修或换样机。

③合同期内，乙方对生产设备的维护保养免收一切费用。

6. 验收方式

合同签订后，乙方应按提供的设备型号作为验收依据。若有不符，甲方可拒收，乙方应在交货次日及时做好设备的更换工作，二次更换后仍不符合条件，甲方有权拒收且乙方必须退还甲方押金。

本协议一式两份，甲乙双方各执一份。自合同签订之日起生效，未尽事宜，经甲乙双方协商后签订补充协议，具同等法律效力。

甲方（签章）：肖琳　　　　　　　　乙方（签章）：关同

（黑龙江省永胜机械有限公司 合同专用章）　　　（丹江正大机械有限公司 合同专用章）

2022 年 1 月 26 日

图 3-92　业务 30-1

押金收据如图 3-93 所示。

收　据

人民币	⊗壹仟元整		
系	租入生产设备押金	（丹江正大机械有限公司 财务专业章）	￥1 000.00
		领收单位：	
单位负责人：苏同明		领收人姓名：姜永国	
2022 年 1 月 26 日			

图 3-93　业务 30-2

借：生产成本——甲产品——制造费用   5 000
    贷：库存现金   1 000
      其他应付款——吊车租金   4 000

业务 30 付款凭证如图 3-94 所示。

付 款 凭 证

2022 年 1 月 26 日

出纳编号 ＿＿＿
制单编号 31

摘　要	会计科目	明细科目	借方金额										贷方金额										记账符号
			仟	佰	十	万	仟	佰	十	元	角	分	仟	佰	十	万	仟	佰	十	元	角	分	
支付租入设备押金	生产成本	租金				5	0	0	0	0	0												√
	库存现金															1	0	0	0	0	0		√
	其他应付款	吊车租金														4	0	0	0	0	0		√
合计					¥	5	0	0	0	0	0				¥	5	0	0	0	0	0		

附单据 2 张

会计主管：刘永忠   记账：赵刚   审核：马庆   出纳：姜斌   制单：陈华   领款人：

图 3-94   业务 30-3

业务三十一：盘点现金盈缺会计处理

31. 1 月 28 日，出纳员在清点现金库存时，发现现金短款 100 元，没有找到原因，应由出纳负责赔偿。

现金盘点报告表如图 3-95 所示。

库存现金盘点报告表

2022 年 1 月 28 日

单位名称：黑龙江省永胜机械有限公司

实存金额	账存金额	盈亏情况		备注
		盘盈数	盘亏数	
4 875	4 975		100	
处理意见：由出纳员负责赔偿。				

会计主管：刘永忠   会计：赵刚   出纳：姜斌

图 3-95   业务 31-1

借：待处理财产损溢——待处理流动财产损溢　　　　　　　100
　　贷：库存现金　　　　　　　　　　　　　　　　　　　　　100

业务 31 付款凭证如图 3-96 所示。

付　款　凭　证

2022 年 1 月 28 日

摘　要	会计科目	明细科目	借方金额									贷方金额									记账符号
			仟	佰	十	万	仟	佰	十	元	角	分	仟	佰	十	万	仟	佰	十	元	角	分	
现金短款	待处理财产损溢	待处理流动财产损溢					1	0	0	0	0												√
		库存现金															1	0	0	0	0		√
合计							￥	1	0	0	0	0					￥	1	0	0	0	0	

附单据 1 张

会计主管：刘永忠　记账：赵刚　审核：马庆　出纳：姜斌　制单：陈华　领款人：

图 3-96　业务 31-2

赔偿收据如图 3-97 所示。

收　据

人民币	⊗壹佰元整	
系	现金短款赔偿	￥100.00
	领收单位：	
单位负责人：赵洋	领收人姓名：	
2022 年 1 月 28 日		

（黑龙江省永胜机械有限公司　财务专用章）

图 3-97　业务 31-3

借：库存现金　　　　　　　　　　　　　　　　　　　　　　　100

　　　贷：待处理财产损溢——待处理流动财产损溢　　　　　　　100

业务 31 收款凭证如图 3-98 所示。

收 款 凭 证

2022 年 1 月 28 日

出纳编号　＿＿＿

制单编号　33　＿

摘　要	会计科目	明细科目	借方金额										贷方金额										记账符号
			仟	佰	十	万	仟	佰	十	元	角	分	仟	佰	十	万	仟	佰	十	元	角	分	
赔偿现金短款	库存现金						1	0	0	0	0												√
	待处理财产损益	待处理流动财产损益															1	0	0	0	0		√
合计							￥	1	0	0	0	0					￥	1	0	0	0	0	

会计主管：刘永忠　　记账：赵刚　　审核：马庆　　出纳：姜斌　　制单：陈华　　领款人：

附单据 1 张

图 3-98　业务 31-4

业务三十二：归还货款会计处理

32. 1 月 28 日，归还前期挂账欠新大机电有限公司应付账款 232 000 元。

电汇凭证如图 3-99 所示。

中国建设银行　　电 汇 凭 证

进账日期：2022 年 1 月 28 日　　　　第 15156 号

付款人	全　　称	黑龙江省永胜机械有限公司	收款人	全　　称	新大机电有限公司										
	账　　号	332101909234218888		账　　号	628180360517876										
	开户银行	丹江市建行阳明支行		开户银行	工行丹江北安分理处	仟	佰	十	万	仟	佰	十	元	角	分
人民币（大写）：⊗贰拾叁万贰仟元整							￥	2	3	2	0	0	0	0	0
			支付密码：												
	中国建设银行股份有限公司 丹江市阳明支行 2022.1.28 业务专用章		附加信息及用途：材料款												
		客户签章	此汇款支付给收款人												

主管：××　　　　授权：××　　　　复核：××　　　　录入：××

图 3-99　业务 32-1

第二联客户回单

借：应付账款——新大机电　　　　　　　　　　　232 000
　　　贷：银行存款　　　　　　　　　　　　　　　　　　232 000

业务 32 付款凭证如图 3-100 所示。

付　款　凭　证

2022 年 1 月 28 日

摘　　要	会计科目	明细科目	借方金额										贷方金额										记账符号
---	---	---	仟	佰	十	万	仟	佰	十	元	角	分	仟	佰	十	万	仟	佰	十	元	角	分	
偿还欠款	应付账款	新大机电公司			2	3	2	0	0	0	0	0											√
	银行存款														2	3	2	0	0	0	0	0	√
合计			¥	2	3	2	0	0	0	0	0	0	¥	2	3	2	0	0	0	0	0	0	

附单据 3 张

会计主管：刘永忠　　记账：赵刚　　审核：马庆　　出纳：姜斌　　制单：陈华　　领款人：

图 3-100　业务 32-2

业务三十三：月底计提工资会计处理

33. 1 月 28 日，本企业发生工资如下：生产部门甲产品直接生产工资为 26 000 元，乙产品直接生产工资为 42 000 元，车间管理人员工资为 15 000 元，管理部门人员工资为 12 000 元，销售部门人员工资为 8 000 元。根据本企业所在地政府规定，应按照职工工资总额 20％提取养老保险，按工资总额 2％提取失业保险，按工资总额 6％提取医疗保险，按工资总额 1.5％提取工伤保险，按工资总额 0.1％提取生育保险，按工资总额 10％提取住房公积金，按工资总额 2％提取工会经费，按工资总额 1.5％提取职工教育经费。

工资分配表如图 3-101 所示。

工资及附加费分配表

2022 年 1 月 28 日

部门项目	工资费用	养老保险 (20%)	失业保险 (2%)	医疗保险 (6%)	工伤保险 (1.5%)	生育保险 (0.1%)	住房公积金 (10%)	工会经费 (2%)	教育经费 (1.5%)	合计金额
基本生产车间:										
甲产品	26 000.00	5 200.00	520.00	1 560.00	390.00	26.00	2 600.00	520.00	390.00	37 206.00
乙产品	42 000.00	8 400.00	840.00	2 520.00	630.00	42.00	4 200.00	840.00	630.00	60 102.00
车间管理部门	15 000.00	3 000.00	300.00	900.00	225.00	15.00	1 500.00	300.00	225.00	21 465.00
行政管理部门	12 000.00	2 400.00	240.00	720.00	180.00	12.00	1 200.00	240.00	180.00	17 172.00
销售部门	8 000.00	1 600.00	160.00	480.00	120.00	8.00	800.00	160.00	120.00	11 448.00
合计	103 000.00	20 600.00	2 060.00	6 180.00	1 545.00	103.00	10 300.00	2 060.00	1 545.00	147 393.00

财务科长:刘永忠　　　　　　　　　　　　制表:陈英

图 3-101　业务 33-1

借：生产成本——甲产品   37 206

        乙产品   60 102

  制造费用——工资   21 465

  管理费用——工资   17 172

  销售费用——工资   11 448

    贷：应付职工薪酬——工资   103 000

           ——养老保险   20 600

           ——失业保险   2 060

           ——医疗保险   6 180

           ——工伤保险   1 545

           ——生育保险   103

           ——住房公积金   10 300

           ——工会经费   2 060

           ——教育经费   1 545

业务 33 转账凭证如图 3-102 所示。

出纳编号 _____

制单编号 35 _____

转 账 凭 证

2022 年 1 月 28 日

摘　　要	会计科目	明细科目	借方金额										贷方金额										记账符号
			仟	佰	十	万	仟	佰	十	元	角	分	仟	佰	十	万	仟	佰	十	元	角	分	
分配工资及工资附加费	生产成本	甲产品			3	7	2	0	6	0	0												√
	生产成本	乙产品			6	0	1	0	2	0	0												√
	制造费用	工资			2	1	4	6	5	0	0												√
	管理费用	工资			1	7	1	7	2	0	0												√
	销售费用	工资			1	1	4	4	8	0	0												√
	应付职工薪酬	工资													1	0	3	0	0	0	0	0		√
		养老保险														2	0	6	0	0	0	0		√
		失业保险															2	0	6	0	0	0		√
		医疗保险															6	1	8	0	0	0		√
		工伤保险															1	5	4	5	0	0		√
		生育保险																1	0	3	0	0		√
		住房公积金															1	0	3	0	0	0		√
		工会经费															2	0	6	0	0	0		√
		教育经费															1	5	4	5	0	0		√
合计			¥	1	4	7	3	9	3	0	0		¥	1	4	7	3	9	3	0	0		

附单据 1 张

会计主管：刘永忠　记账：赵刚　审核：马庆　出纳：姜斌　制单：陈华

图 3-102　业务 33-2

业务三十四：销售甲产品会计处理

34. 1月28日，销售恒源机电有限公司甲产品230件，单价为500元，销售价款为115 000元，增值税率为13％，税款为14 950元，货款合计为129 950元，该批产品实际成本为80 500元，产品已发出，货款已收到存银行。

产品销售单如图3-103所示。

产品销售单
2022年1月28日

单　位	恒源机电有限公司					车　号	
产品名称	规　格	单位	数量	单价	金额（元）	备　注	
甲产品		件	230	500	115 000.00		
合计金额（大写）　　⊗壹拾壹万伍仟元整							

财务主管：刘永忠　　　　　　　　　制表：赵刚

图3-103　业务34-1

银行进账单如图3-104所示。

进账日期：2022 年 1 月 28 日　　　第 0452 号

收款人	全　称	黑龙江省永胜机械有限公司	付款人	全　称	恒源机电有限公司
	账　号	9123108313054346R		账　号	66180360014598
	开户银行	建设银行丹江阳明支行		开户银行	建设银行丹江太平路支行

人民币（大写）：⊗壹拾贰万玖仟玖佰伍拾元整	仟	佰	十	万	仟	佰	十	元	角	分
	¥	1	2	9	9	5	0	0	0

票据种类	转账支票	收款人开户银行盖章	建设银行 丹江阳明支行 2022.1.28 转讫
票据张数	1		

主管：刘永忠	记账：马庆

此联给收款人的收账通知

图 3-104　业务 34-2

销售发票如图 3-105 所示。

4200164130　　　　黑龙江省增值税专用发票　　　No：0864C910

全国统一发票监制章　黑龙江　国家税务局制

发票联　　　开票日期：2022 年 1 月 28 日

购买方	名称：恒源机电有限公司 统一社会信用代码：9981341343828516 地址、电话：丹江北安路 45 号 　　　　　　0453—8765576 开户行及账号：建行丹江太平路支行 　　　　　　066180360014598	密码区	略

货物或应税劳务名称	规格型号	单位	数量	单价	金额	税率(%)	税额
甲产品	型号	件	230	500	¥115 000.00	13%	¥14 950.00

价税合计（大写）　　⊗壹拾贰万玖仟玖佰伍拾元整	（小写）¥129 950.00

销售方	名称：黑龙江省永胜机械有限公司 统一社会信用代码：9123108313054346R 地址、电话：丹江市阳明区光华路 15 号　0453—6566778 开户行及账号：建设银行丹江阳明支行 　　　　　　332101909234218888	备注	黑龙江省永胜机械有限公司 ★ 发票专月章

收款人：李玉	复核：徐平	开票人：李刚	销售方：（章）

图 3-105　业务 34-3

借：银行存款　　　　　　　　　　　　　　　　　　129 950

　　贷：主营业务收入——甲产品　　　　　　　　　　　115 000

　　　　应交税费——应交增值税——销项税额　　　　　　14 950

业务 34 收款凭证如图 3-106 所示。

2022 年 1 月 28 日

出纳编号 _____
制单编号 36

摘　要	会计科目	明细科目	借方金额 仟	佰	十	万	仟	佰	十	元	角	分	贷方金额 仟	佰	十	万	仟	佰	十	元	角	分	记账符号
销售甲产品230件	银行存款				1	2	9	9	5	0	0	0											√
	主营业务收入	甲产品													1	1	5	0	0	0	0	0	√
	应交税费	应交增值税—销项税额														1	4	9	5	0	0	0	√
合计			￥	1	2	9	9	5	0	0	0		￥	1	2	9	9	5	0	0	0		

附单据 3 张

会计主管：刘永忠　记账：赵刚　审核：马庆　出纳：姜斌　制单：陈华

图 3-106　业务 34-4

借：主营业务成本——甲产品　　　　　　　　　　　　80 500

　　贷：库存商品　　　　　　　　　　　　　　　　　　　80 500

结转甲产品销售成本分录如图 3-107 所示。

2022 年 1 月 28 日

出纳编号 _____
制单编号 37

摘　要	会计科目	明细科目	借方金额 仟	佰	十	万	仟	佰	十	元	角	分	贷方金额 仟	佰	十	万	仟	佰	十	元	角	分	记账符号
结转甲产品	主营业务成本	甲产品				8	0	5	0	0	0	0											√
	库存商品															8	0	5	0	0	0	0	√
合计			￥			8	0	5	0	0	0	0	￥			8	0	5	0	0	0	0	

附单据 3 张

会计主管：刘永忠　记账：赵刚　审核：马庆　出纳：姜斌　制单：陈华　领款人：

图 3-107　业务 34-5

业务三十五：工资发放会计处理

35.1月30日，支付本月发生工资共计147 393元，其中个人所得税15元，个人应承担的各项保险费等21 630元。

个人附加费明细如图3-108所示。

个人承担附加费明细表

2022年1月30日   单位：元

部门项目	工资提取基数	养老保险（8%）	失业保险（1%）	医疗保险（2%）	住房公积金（10%）	合计金额
基本生产车间						
甲产品	26 000.00	2 080.00	260.00	520.00	2 600.00	5 460.00
乙产品	42 000.00	3 360.00	420.00	840.00	4 200.00	8 820.00
车间管理部门	15 000.00	1 200.00	150.00	300.00	1 500.00	3 150.00
行政管理部门	12 000.00	960.00	120.00	240.00	1 200.00	2 520.00
销售部门	8 000.00	640.00	80.00	160.00	800.00	1 580.00
合计	103 000.00	8 240.00	1 030.00	2 060.00	10 300.00	21 630.00

财务科长：刘永忠   制表：陈英

图3-108   业务35-1

银行代发工资业务明细如图3-109所示。

工资发放业务明细

总金额：	81 355.00			
总笔数：	32			
入账日期	20220130			
摘要代码	1001 工资发放业务			
序号	账号	金额	户名	备注
1	6228603110185710	2 249.00	苏明	1001 工资发放业务
2	6228603118514285	1 698.00	温凤运	1001 工资发放业务
3	6228603132154784	2 330.00	刘亚辉	1001 工资发放业务
4	6228603132514569	1 974.00	王峰	1001 工资发放业务
5	6228603114875425	1 568.00	王鹏	1001 工资发放业务
6	6228603114582555	7 500.00	李峰	1001 工资发放业务
7	6228603118576321	2 310.00	李斌	1001 工资发放业务

图3-109   业务35-2

8	6228603116987524	1 896.00	王福君	1001 工资发放业务
9	6228603115467989	2 355.00	朱力	1001 工资发放业务
10	6228603115687428	2 645.00	张艳忠	1001 工资发放业务
11	6228603115874961	2 300.00	丁怀军	1001 工资发放业务
12	6228603115847896	2 566.00	刘庆才	1001 工资发放业务
13	6228603132514789	1 977.00	孙会军	1001 工资发放业务
14	6228603114897652	2 899.00	马运启	1001 工资发放业务
15	6228603114789658	2 807.00	马增山	1001 工资发放业务
16	6228603115879654	2 142.00	张忠喜	1001 工资发放业务
17	6228603132568479	2 756.00	张伟	1001 工资发放业务
18	6228603115489698	2 845.00	冯大海	1001 工资发放业务
19	6228603114875961	2 185.00	李亚双	1001 工资发放业务
20	6228603115963259	2 005.00	康淑花	1001 工资发放业务
21	6228603115478921	2 698.00	李小路	1001 工资发放业务
22	6228603115896222	2 738.00	王洋	1001 工资发放业务
23	6228603154678989	2 099.00	安凤军	1001 工资发放业务
24	6228603112548999	2 866.00	马庆	1001 工资发放业务
25	6228603165478999	2 555.00	穆东	1001 工资发放业务
26	6228603132148975	1 592.00	陈英	1001 工资发放业务
27	6228603112489653	3 062.00	刘永忠	1001 工资发放业务
28	6228603136987448	3 247.00	姜斌	1001 工资发放业务
29	6228603156978666	3 171.00	赵刚	1001 工资发放业务
30	6228603112345666	2 155.00	张也	1001 工资发放业务
31	6228603196832644	2 160.00	吉策	1001 工资发放业务
32	6228603197841562	2 005.00	梁如	1001 工资发放业务

图 3-109　业务 35-2（续）

业务 35 付款凭证如图 3-110 所示。

借：应付职工薪酬——工资　　　　　　　　147 393
　　贷：其他应付款——企业社保　　　　　　44 393
　　　　　　　　　　——个人社保　　　　　21 630
　　　　应交税费——个人所得税　　　　　　　　15
　　　　银行存款　　　　　　　　　　　　　81 355

付　款　凭　证

2022 年 1 月 30 日

摘　要	会计科目	明细科目	借方金额										贷方金额										记账符号
			仟	佰	十	万	仟	佰	十	元	角	分	仟	佰	十	万	仟	佰	十	元	角	分	
支付工资	应付职工薪酬	工资		1	4	7	3	9	3	0	0												√
	其他应付款	企业社保费等														4	4	3	9	3	0	0	√
	其他应付款	个人社保费等														2	1	6	3	0	0	0	√
	应交税费	应交个人所得税																	1	5	0	0	√
	银行存款															8	1	3	5	5	0	0	√
合计			¥	1	4	7	3	9	3	0	0		¥	1	4	7	3	9	3	0	0		

会计主管：刘永忠　　记账：赵刚　　审核：马庆　　出纳：姜斌　　制单：陈华　　领款人：

图 3-110　业务 35-3

业务三十六：缴纳社保费会计处理

36. 1 月 30 日，上缴社保中心 1 月份社会保险等费用，企业社保金额为
40 788 元，个人社保金额为 21 630 元，合计 62 418 元。

保险费缴费凭证如图 3-111 所示。

黑龙江省社会保险费结算（征缴）凭证

签发日期　2022 年 1 月 30 日

单位代码	453468	单位名称	黑龙江省永胜机械有限公司	结算期	2022.1
企业职工人数	32	缴纳工资总额	103 000.00	个人缴费基数	
单位基本养老保险费 20%	20 600.00	工伤保险 1.5%	1 545.00		
个人缴纳基本养老保险费 8%	8 240.00	生育保险 0.1%	103.00		
单位基本医疗保险费 6%	6 180.00	单位缴纳住房公积金 10%	10 300.00		
个人缴纳基本医疗保险费 2%	2 060.00	个人缴纳住房公积金	10 300.00		
单位失业保险费 2%	2 060.00				
个人缴纳失业保险费 1%	1 030.00				
被核证缴纳金额（大写）	⊗陆万贰仟肆佰壹拾捌元整				

图 3-111　业务 36-1

保险费电汇凭证如图 3-112 所示。

中国建设银行　电汇凭证

进账日期：2022 年 1 月 30 日　　　第 15156 号

付款人	全　称	黑龙江省永胜机械有限公司	收款人	全　称	丹江市社会保险中心
	账　号	332101909234218888		账　号	6281803368711110
	开户银行	丹江市建行阳明支行		开户银行	工行丹江北安分理处

人民币（大写）：⊗陆万贰仟肆佰壹拾捌元整	仟	佰	十	万	仟	佰	十	元	角	分
			¥	6	2	4	1	8	0	0

中国建设银行股份有限公司
丹江市阳明支行
2022.1.30
业务专用章

支付密码：

附加信息及用途：社会保险费

客户签章　此汇款支付给收款人

主管：×× 　　授权：×× 　　复核：×× 　　录入：××

图 3-112　业务 36-2

借：其他应付款——企业社保　　　　　　　40 788
　　　　　　　——个人社保　　　　　　　21 630
　　贷：银行存款　　　　　　　　　　　　　　　62 418

业务 36 付款凭证如图 3-113 所示。

付 款 凭 证

出纳编号　_____
制单编号　39

2022 年 1 月 30 日

摘　要	会计科目	明细科目	借方金额										贷方金额										记账符号
			仟	佰	十	万	仟	佰	十	元	角	分	仟	佰	十	万	仟	佰	十	元	角	分	
上缴保险费	其他应付款	企业社保费			4	0	7	8	8	0	0												√
	其他应付款	个人社保费			2	1	6	3	0	0	0												√
	银行存款													6	2	4	1	8	0	0		√
合计					¥	6	2	4	1	8	0	0			¥	6	2	4	1	8	0	0	

附单据 2 张

会计主管：刘永忠　记账：赵刚　审核：马庆　出纳：姜斌　制单：陈华　领款人：

图 3-113　业务 36-3

业务三十七：职工培训会计处理

37. 2022 年 1 月 30 日，支付 1 000 元职工教育经费用于职工培训。

培训费发票如图 3-114 所示。

全国统一发票监制章
黑龙江

4200164130　　　　黑龙江省增值税普通发票　　　　No：07668988

开票日期：2022 年 1 月 30 日

购买方	名称：黑龙江省永胜机械有限公司 统一社会信用代码：91231083130543468R 地址、电话：丹江市阳明区光华路 15 号 　　　　　0453－6566778 开户行及账号：建设银行丹江阳明支行 　　　　　332101909234218888	密码区	略

货物或应税劳务名称	规格型号	单位	数量	单价	金额	税率（%）	税额
培训费					¥943.40	6%	¥56.60

价税合计（大写）	⊗壹仟元整	（小写）¥1 000.00

销售方	名称：哈尔滨市工会教育培训机构 统一社会信用代码：998564834978799 地址、电话：哈尔滨市大直街 45 号　0453－88899478 开户行及账号：工行哈尔滨长安分理处　863510360517888	备注	哈尔滨市工会教育培训机构 998564834978799 发票专用章

收款人：李方　　　复核：徐加　　　开票人：王刚　　　销售方：（章）

图 3-114　业务 37-1

（1）借：管理费用——教育经费　　　　　　　　　　　1 000

　　　　贷：应付职工薪酬——教育经费　　　　　　　　　　　1 000

（2）借：应付职工薪酬——教育经费　　　　　　　　　1 000

　　　　贷：库存现金　　　　　　　　　　　　　　　　　　　1 000

业务 37 付款凭证如图 3-115 所示。

付　款　凭　证

2022 年 1 月 30 日

出纳编号　_____

制单编号　$40\frac{1}{2}$

摘　要	会计科目	明细科目	借方金额										贷方金额										记账符号
			仟	佰	十	万	仟	佰	十	元	角	分	仟	佰	十	万	仟	佰	十	元	角	分	
培训费	管理费用	教育经费				1	0	0	0	0	0												√
	应付职工薪酬	教育经费														1	0	0	0	0	0		√
合计					¥	1	0	0	0	0	0				¥	1	0	0	0	0	0		

会计主管：刘永忠　记账：赵刚　审核：马庆　出纳：姜斌　制单：陈华　领款人：

附单据 1 张

图 3-115（1）　业务 37-2（1）

付 款 凭 证

2022 年 1 月 30 日

出纳编号 _____
制单编号 $40\frac{2}{2}$

摘要	会计科目	明细科目	借方金额										贷方金额										记账符号
			仟	佰	十	万	仟	佰	十	元	角	分	仟	佰	十	万	仟	佰	十	元	角	分	
支付培训费	应付职工薪酬	教育经费					1	0	0	0	0	0											✓
	库存现金																1	0	0	0	0	0	✓
合计					¥	1	0	0	0	0	0				¥	1	0	0	0	0	0		

会计主管：刘永忠　记账：赵刚　审核：马庆　出纳：姜斌　制单：陈华　领款人：

附单据 1 张

图 3-115（2）　业务 37-2（2）

业务三十八：结转乙产品会计处理

38. 1 月 30 日，结转 1 月 8 日销售的 500 件乙产品，乙产品成本单价为 250 元，结转金额为 125 000 元。

借：主营业务成本——乙产品　　　　　　　　　　125 000

　　贷：库存商品——乙产品　　　　　　　　　　　　125 000

业务 38 转账凭证如图 3-116 所示。

转 账 凭 证

2022 年 1 月 30 日

出纳编号 _____
制单编号 41

摘要	会计科目	明细科目	借方金额										贷方金额										记账符号
			仟	佰	十	万	仟	佰	十	元	角	分	仟	佰	十	万	仟	佰	十	元	角	分	
结转乙产品销售成本	主营业务成本	乙产品			1	2	5	0	0	0	0	0											✓
	库存商品	乙产品													1	2	5	0	0	0	0	0	✓
合计					¥	1	2	5	0	0	0	0	0	¥	1	2	5	0	0	0	0	0	

会计主管：刘永忠　记账：赵刚　审核：马庆　出纳：姜斌　制单：陈华

附单据 张

图 3-116　业务 38-1

业务三十九：结转制造费用会计处理

39. 月末，在各产品间分配制造费用。小微企业一般没有辅助车间，制造费用只在产品间进行分配。通过制造费用明细账可以看到，本月共发生制造费用 150 170 元。由于本企业只生产甲、乙两种产品，且生产机械化程度大致相同，因此制造费用分配采用生产工人工资比例法。

制造费用分配如图 3-117 所示。

一月份制造费用分配表

序号	产品种类	生产工资	分配率	分配金额
1	甲产品	37 206	1.543 2	57 416.30
2	乙产品	60 102	1.543 2	92 753.70
	合计	97 308	1.543 2	150 170.00

会计：赵刚　　　　　　　　制表：马庆

图 3-117　业务 39-1

借：生产成本——甲产品　　　　　　　57 416. 30

　　　　　——乙产品　　　　　　　92 753. 70

　　贷：制造费用　　　　　　　　　　　　150 170

业务 39 转账凭证如图 3-118 所示。

出纳编号 _____
制单编号 __42__

转 账 凭 证

2022 年 1 月 30 日

摘　要	会计科目	明细科目	借方金额										贷方金额										记账符号
			仟	佰	十	万	仟	佰	十	元	角	分	仟	佰	十	万	仟	佰	十	元	角	分	
分配制造费用	生产成本	甲产品			5	7	4	1	6	3	0												√
	生产成本	乙产品			9	2	7	5	3	7	0												√
	制造费用													1	5	0	1	7	0	0	0	0	√
合计				￥	1	5	0	1	7	0	0	0		￥	1	5	0	1	7	0	0	0	

附单据 1 张

会计主管：刘永忠　记账：赵刚　审核：马庆　出纳：姜斌　制单：陈华　领款人：

图 3-118　业务 39-2

业务四十：结转完工产品会计处理

40. 计算并结转完工产品的生产成本，本期投入生产甲产品 540 件，投入生产乙产品 930 件，甲产品完工产品 403 件，在产品 280 件，乙产品完工产品 700 件，在产品 230 件，在产品均按产成品的 50％计算约当产量。

1 月份产量明细如图 3-119 所示。

一月份产品产量表

产品名称	月初在产品	本月投入	本月完工产品	月末在产品
甲产品	143	540	403	280
乙产品		930	700	230

会计：赵刚   制表：张明

图 3-119 业务 40-1

甲产品成本计算单如图 3-120 所示。

产品成本计算单

产品名称：甲产品   2022 年 1 月 30 日   单位：元

项　　目	产量（件）	直接材料	直接人工	制造费用	合计金额
月初在产品成本	143	25 000.00	15 750.00	9 250.00	50 000.00
本月生产费用		49 000.00	37 206.00	62 416.30	148 622.30
生产费用合计		74 000.00	52 956.00	71 666.30	198 622.30
约当总产量	543				
分配率		108.35	97.52	131.98	
完工产品产量	403				
完工产品总成本		43 665.05	39 300.56	53 187.94	136 153.55
月末在产品数量	280				
月末在产品成本		30 334.95	13 655.44	18 478.36	62 468.75

会计： 赵刚   制表： 马庆

图 3-120 业务 40-2

$$直接材料分配率 = \frac{74\ 000}{(143 + 540)} = 108.35$$

$$直接人工分配率 = \frac{52\ 956}{543} = 97.52$$

$$制造费用分配率 = \frac{71\ 666.30}{543} = 131.98$$

月末在产品成本＝生产费用合计－完工产品总成本

乙产品成本计算单如图 3-121 所示。

产品成本计算单

产品名称：乙产品   2022 年 1 月 30 日   单位：元

项　　　目	产量（件）	直接材料	直接人工	制造费用	合计金额
月初在产品成本					0.00
本月生产费用		95 000.00	60 102.00	92 753.70	247 855.70
生产费用合计		95 000.00	60 102.00	92 753.70	247 855.70
约当总产量	815				
分配率		102.15	73.74	113.81	
完工产品产量	700				
完工产品总成本		71 505.00	51 618.00	79 667.00	202 790.00
月末在产品数量	230				
月末在产品成本		23 495.00	8 484.00	13 086.70	45 065.70

会计：　赵刚   制表：　马庆

图 3-121　业务 40-3

根据甲、乙产品成本计算单，分别结转甲、乙完工产品成本。

借：库存商品——甲产品　　　　　　　136 153.55

　　贷：生产成本——直接材料　　　　　　　43 665.05

　　　　　　——直接人工　　　　　　　39 300.56

　　　　　　——制造费用　　　　　　　53 187.94

业务 40 转账凭证 1 如图 3-122 所示。

转　账　凭　证

出纳编号　＿＿＿＿
制单编号　43

2022 年 1 月 30 日

摘　　要	会计科目	明细科目	借方金额										贷方金额										记账符号
			仟	佰	十	万	仟	佰	十	元	角	分	仟	佰	十	万	仟	佰	十	元	角	分	
结转甲产品完工产品成本	库存商品	甲产品		1	3	6	1	5	3	5	5												√
	生产成本	直接材料													4	3	6	6	5	0	5		√
	生产成本	直接人工													3	9	3	0	0	5	6		√
	生产成本	制造费用													5	3	1	8	7	9	4		√
合计				￥	1	3	6	1	5	3	5	5		￥	1	3	6	1	5	3	5	5	

附单据 2 张

会计主管：刘永忠　记账：赵刚　审核：马庆　出纳：姜斌　制单：陈华　领款人：

图 3-122　业务 40-4

借：库存商品——乙产品　　　　　　　　　　　　202 790

　　贷：生产成本——直接材料　　　　　　　　　　　71 505

　　　　　　　　　——直接人工　　　　　　　　　　　51 618

　　　　　　　　　——制造费用　　　　　　　　　　　79 667

业务 40 转账凭证 2 如图 3-123 所示。

出纳编号　____

转　账　凭　证

制单编号　44

2022 年 1 月 30 日

摘　要	会计科目	明细科目	借方金额										贷方金额										记账符号
			仟	佰	十	万	仟	佰	十	元	角	分	仟	佰	十	万	仟	佰	十	元	角	分	
结转乙产品完工产品成本	库存商品	乙产品			2	0	2	7	9	0	0	0											√
	生产成本	直接材料													7	1	5	0	5	0	0	√
	生产成本	直接人工													5	1	6	1	8	0	0	√
	生产成本	制造费用													7	9	6	6	7	0	0	√
合计			¥		2	0	2	7	9	0	0	0	¥		2	0	2	7	9	0	0	0	

附单据 2 张

会计主管：刘永忠　记账：赵刚　审核：马庆　出纳：姜斌　制单：陈华　领款人：

图 3-123　业务 40-5

业务四十一：计算本月增值税、城市维护建设税、教育费附加会计处理

41. 计算本月应交增值税，按本月应交增值税额的 7% 计算本月应交城市维护建设税；按本月应交增值税额的 3% 计算本月应交教育费附加，如图 3-124 所示。

城建税、教育费附加计算表

本期增值税销项税额	99 450
本期增值税进项税额	56 400.10
本期应纳增值税	43 049.90
城建税	3 013.49
教育费附加	1 291.50

会计：赵刚　　　　　　　　制表：马庆

图 3-124　业务 41-1

借：应交税费——转出未交增值税　　　　　43 049.90

　　贷：应交税费——未交增值税　　　　　　43 049.90

根据图 3-124，转出应交增值税，凭证如图 3-125 所示。

转 账 凭 证

2022 年 1 月 30 日

摘　要	会计科目	明细科目	账页	借方金额 佰十万仟佰十元角分	贷方金额 佰十万仟佰十元角分	记账符号
计提1月增值税	应交税费	转出未交增值税		4 3 0 4 9 9 0		√
	应交税费	未交增值税			4 3 0 4 9 9 0	√
合　计				¥4 3 0 4 9 9 0	¥4 3 0 4 9 9 0	

会计主管：×× 　　记账：×× 　　出纳：×× 　　审核：×× 　　填制：××

图 3-125　业务 41-2

计提税金及附加，凭证如图 3-126 所示。

借：税金及附加——城建税　　　　　　　　3 013.49

　　　　　　——教育费附加　　　　　　　1 291.50

　　贷：应交税费——城建税　　　　　　　3 013.49

　　　　　　——教育费附加　　　　　　　1 291.50

转 账 凭 证

2022 年 1 月 30 日

摘　要	会计科目	明细科目	账页	借方金额 佰十万仟佰十元角分	贷方金额 佰十万仟佰十元角分	记账符号
计提1月城建税、教育费附加	税金及附加	城建税		3 0 1 3 4 9		√
	税金及附加	教育费附加		1 2 9 1 5 0		√
	应交税费	城建税			3 0 1 3 4 9	√
	应交税费	教育费附加			1 2 9 1 5 0	√
合　计				¥4 3 0 4 9 9	¥4 3 0 4 9 9	

会计主管：×× 　　记账：×× 　　出纳：×× 　　审核：×× 　　填制：××

图 3-126　业务 41-3

业务四十二：月底结转利润会计处理

42. 根据记账凭证汇总表上所记录的收入费用账户发生额，结转本月收入费用类账户至本年利润账户。

收入费用类账户发生额如图 3-127 所示。

记账凭证汇总表

2022 年 1 月 1 日至 1 月 31 日　　　　　　第　　号至　　号

会计科目	借方金额	贷方金额
主营业务收入	0.00	765 000.00
主营业务成本	555 500.00	0.00
销售费用	40 942.00	0.00
管理费用	56 618.00	0.00
财务费用	30 000.00	500.00
税金及附加	4 304.99	0.00

会计主管：××　　　　　　记账：××　　　　　　制表：××

图 3-127　业务 42-1

借：主营业务收入　　　　　　　　　　765 000
　　贷：本年利润　　　　　　　　　　　　765 000

业务 42 转账凭证 1 如图 3-128 所示。

转 账 凭 证

出纳编号 _____
制单编号 ___47___

2022 年 1 月 30 日

摘要	会计科目	明细科目	借方金额 仟	佰	十	万	仟	佰	十	元	角	分	贷方金额 仟	佰	十	万	仟	佰	十	元	角	分	记账符号
结转本月收入	主营业务收入				7	6	5	0	0	0	0	0											✓
	本年利润														7	6	5	0	0	0	0	0	✓
合计				¥	7	6	5	0	0	0	0	0		¥	7	6	5	0	0	0	0	0	

附单据　张

会计主管：刘永忠　记账：赵刚　审核：马庆　出纳：姜斌　制单：陈华

图 3-128　业务 42-2

借：本年利润　　　　　　　　　　686 864.99
　　贷：主营业务成本　　　　　　　　555 500
　　　　销售费用　　　　　　　　　　40 942
　　　　管理费用　　　　　　　　　　56 618
　　　　财务费用　　　　　　　　　　29 500

税金及附加　　　　　　　　　　　　　　　　　　　　　4 304.99

业务 42 转账凭证 2 如图 3-129 所示。

转 账 凭 证

2022 年 1 月 30 日

摘要	会计科目	明细科目	借方金额 仟佰十万仟佰十元角分	贷方金额 仟佰十万仟佰十元角分	记账符号
结转本月成本费用	本年利润		6 8 6 8 6 4 9 9		✓
	主营业务成本			5 5 5 5 0 0 0 0	✓
	销售费用			4 0 9 4 2 0 0	✓
	管理费用			5 6 6 1 8 0 0	✓
	财务费用			2 9 5 0 0 0 0	✓
	税金及附加			4 3 0 4 9 9	✓
合计			¥6 8 6 8 6 4 9 9	¥6 8 6 8 6 4 9 9	

附单据张

会计主管：刘永忠　记账：赵刚　审核：马庆　出纳：姜斌　制单：陈华　领款人：

图 3-129　业务 42-3

本年利润＝收入－成本费用＝765 000－686 864.99＝78 135.01（元）

计提企业所得税，78 135.01×25％＝19 533.75（元）

借：所得税费用　　　　　　　　　　　　　　19 533.75

　　贷：应交税费——应交所得税　　　　　　　　19 533.75

计提企业所得税，凭证如图 3-130 所示。

转 账 凭 证

2022 年 1 月 30 日

摘要	会计科目	明细科目	账页	借方金额 佰十万仟佰十元角分	贷方金额 佰十万仟佰十元角分	记账符号
计提 1 月企业所得税费用	所得税费用			1 9 5 3 3 7 5	1 9 5 3 3 7 5	✓
	应交税费	应交所得税				✓
合计				¥1 9 5 3 3 7 5	¥1 9 5 3 3 7 5	

会计主管：××　　　记账：××　　　出纳：××　　　审核：××　　　填制：××

图 3-130　业务 42-4

借：本年利润　　　　　　　　　　　　　　　　　19 533.75

　　贷：所得税费用　　　　　　　　　　　　　　　　　　19 533.75

结转所得税费用，凭证分录如图 3-131 所示。

转　账　凭　证

2022 年 1 月 30 日

出纳编号：_____
制单编号：　50　

摘要	会计科目	明细科目	账页	借方金额								贷方金额								记账符号
				佰	十	万	仟	佰	十	元	角	分	佰	十	万	仟	佰	十	元	角	分	
所得税费用转入本年利润	本年利润					1	9	5	3	3	7	5										√
	所得税费用														1	9	5	3	3	7	5	√
合　计				¥		1	9	5	3	3	7	5			1	9	5	3	3	7	5	

会计主管：×× 　　 记账：×× 　　 出纳：×× 　　 审核：×× 　　 填制：××

图 3-131　业务 42-5

结转利润分配＝765 000－686 864.99－19 533.75＝58 601.26（元）

借：本年利润　　　　　　　　　　　　　　　　　58 601.26

　　贷：利润分配——未分配利润　　　　　　　　　　　　58 601.26

结转利润分配，凭证分录如图 3-132 所示。

转　账　凭　证

2022 年 1 月 30 日

出纳编号：_____
制单编号：　51　

摘要	会计科目	明细科目	账页	借方金额								贷方金额								记账符号
				佰	十	万	仟	佰	十	元	角	分	佰	十	万	仟	佰	十	元	角	分	
结转净利润	本年利润					5	8	6	0	1	2	6										√
	利润分配	未分配利润													5	8	6	0	1	2	6	√
合　计				¥		5	8	6	0	1	2	6	¥		5	8	6	0	1	2	6	

会计主管：×× 　　 记账：×× 　　 出纳：×× 　　 审核：×× 　　 填制：××

图 3-132　业务 42-6

提取法定盈余公积 5 860.13 元，凭证分录如图 3-133 所示。

借：利润分配——提取法定盈余公积金　　　　　　　5 860.13

贷：盈余公积——法定盈余公积金　　　　　　　　　　5 860.13

转　账　凭　证

2022 年 1 月 30 日

制单编号：　52

摘　要	会计科目	明细科目	账页	借方金额 佰十万仟佰十元角分	贷方金额 佰十万仟佰十元角分	记账符号
提取盈余公积	利润分配	提取法定盈余公积		5 8 6 0 1 3		✓
	盈余公积	法定盈余公积			5 8 6 0 1 3	✓
合　计				¥ 5 8 6 0 1 3	¥ 5 8 6 0 1 3	

会计主管：×× 　　记账：×× 　　出纳：×× 　　审核：×× 　　填制：××

图 3-133　业务 42-7

借：利润分配——未分配利润　　　　　　　　　　　5860.13

贷：利润分配——提取法定盈余公积　　　　　　　　5860.13

转入未分配利润，凭证分录如图 3-134 所示。

转　账　凭　证

2022 年 1 月 30 日

制单编号：　53

摘　要	会计科目	明细科目	账页	借方金额 佰十万仟佰十元角分	贷方金额 佰十万仟佰十元角分	记账符号
转入未分配利润	利润分配	未分配利润		5 8 6 0 1 1 3		✓
	利润分配	提取法定盈余公积			5 8 6 0 1 1 3	✓
合　计				¥ 5 8 6 0 1 1 3	¥ 5 8 6 0 1 1 3	

会计主管：×× 　　记账：×× 　　出纳：×× 　　审核：×× 　　填制：××

图 3-134　业务 42-8

业务四十三：月底编制记账凭证汇总表、科目余额汇总表

43. 当月根据审核无误的原始凭证做出记账凭证后，根据记账凭证归集本月发生额，列出本月发生额科目余额表，再根据科目余额表登记记账凭证汇总表。两张表格分别见表 3-3、表 3-4。

表 3-3　记账凭证汇总表

2022 年 1 月 1 日至 1 月 31 日　　　　　　　　第 1 号至 53 号

会计科目	借方金额	贷方金额
库存现金	5 290. 00	4 115. 00
银行存款	741 850. 00	1 168 843. 10
其他应收款	1 500. 00	5 000. 00
原材料	260 000. 00	144 000. 00
应交税费	110 450. 00	166 353. 64
主营业务收入	765 000. 00	765 000. 00
主营业务成本	555 500. 00	555 500. 00
库存商品	338 943. 55	555 500. 00
销售费用	40 942. 00	40 942. 00
应付职工薪酬	153 093. 00	148 393. 00
制造费用	150 170. 00	150 170. 00
管理费用	56 618. 00	56 618. 00
财务费用	30 000. 00	30 000. 00
固定资产	254 000. 00	0. 00
低值易耗品	1 000. 00	1 000. 00
应收账款	169 500. 00	46 400. 00
短期借款	400 000. 00	0. 00
应付账款	232 000. 00	50 850. 00
无形资产	10 000. 00	0. 00
在建工程	0. 00	250 000. 00
生产成本	396 478. 00	338 943. 55
预付账款	0. 00	120 000. 00
累计摊销	0. 00	3 000. 00
累计折旧	0. 00	5 500. 00
其他应付款	62 418. 00	70 023. 00
待处理财产损溢	100. 00	100. 00
本年利润	765 000. 00	765 000. 00
税金及附加	4 304. 99	4 304. 99
所得税费用	19 533. 75	19 533. 75
利润分配	11 720. 26	64 461. 39
盈余公积		5 860. 13
合计	5 533 411. 55	5 533 411. 55

会计主管　　　　　　　记账　　　　　　　制表

表3-4 本月发生额科目汇总表

库存现金				银行存款				其他应收款				原材料				应交税费			
借方	序号	贷方	序号	借方	序号	贷方	序号	借方	序号	贷方	序号	借方	序号	贷方	序号	借方	序号	贷方	序号
190.00	5	1 500.00	3	565 000.00	2	16 950.00	2	1 500.00	1	5 000.00	5	15 000.00	2	49 000.00	20	1 950.00	2	65 000.00	3
	24	515.00	8	500.00	6	4 700.00	6					45 000.00	16	95 000.00	27	20 800.00	7	19 500.00	14
5 000.00	23	1 000.00	19	46 400.00	7	180 800.00	7					200 000.00	26			520.00	9	14 950.00	36
100.00	33	100.00	36	129 950.00	9	4 520.00	9									11 000.00	11	15.00	38
	40½	1 000.00			10	1 000.00	10									5 850.00	15	43 049.90	45
					12	11 000.00	12									1 092.00	21	4 304.99	46
					13	880.00	13									26 000.00	25	19 533.75	49
					15	430 000.00	15									188.10	28		
					17	10 000.00	17									43 049.90	45		
					21	5 300.00	21												
					22	9 492.00	22												
					23	5 000.00	23												
					25	5 150.00	25												
					26	106 000.00	26												
					28	2 278.10	28												
					34	232 000.00	34												
					38	81 355.00	38												
					39	62 418.00	39												
5 290.00		4 115.00		741 850.00		1 168 843.10		1 500.00		5 000.00		260 000.00		144 000.00		110 450.00		166 353.64	

主营业务收入

序号	借方	序号	贷方
47	765 000.00	3	500 000.00
		14	150 000.00
		36	115 000.00
	765 000.00		765 000.00

主营业务成本

序号	借方	序号	贷方
4	350 000.00	48	555 500.00
37	80 500.00		
41	125 000.00		
	555 500.00		555 500.00

库存商品

序号	借方	序号	贷方
43	136 153.55	4	350 000.00
44	202 790.00	37	80 500.00
		41	125 000.00
	338 943.55		555 500.00

销售费用

序号	借方	序号	贷方
5	4 810.00	48	40 942.00
7	16 000.00		
21	5 300.00		
25	2 884.00		
30	500.00		
35	11 448.00		
	40 942.00		40 942.00

应付职工薪酬

序号	借方	序号	贷方
6	4 700.00	35	147 393.00
38	147 393.00	40$\frac{1}{2}$	1 000.00
40$\frac{2}{2}$	1 000.00		
	153 093.00		148 393.00

制造费用

序号	借方	序号	贷方
7	112 000.00	42	150 170.00
22	8 400.00		
24	515.00		
28	2 090.00		
29	2 200.00		
30	3 500.00		
35	21 465.00		
	150 170.00		150 170.00

管理费用

序号	借方	序号	贷方
7	32 000.00	48	56 618.00
11	1 000.00		
13	880.00		
25	2 266.00		
29	800.00		
30	1 500.00		
35	17 172.00		
40$\frac{1}{2}$	1 000.00		
	56 618.00		56 618.00

财务费用

序号	借方	序号	贷方
8	30 000.00	48	30 000.00
	30 000.00		30 000.00

固定资产

序号	借方	序号	贷方
9	4 000.00		500.00
18	250 000.00		29 500.00
	254 000.00		30 000.00

低值易耗品

序号	借方	序号	贷方
11	1 000.00	10	1 000.00
	1 000.00		0.00

应收账款

序号	借方	序号	贷方
14	169 500.00	19	46 400.00
	169 500.00		46 400.00

短期借款

序号	借方	序号	贷方
15	400 000.00		
	400 000.00		0.00

应付账款

序号	借方	序号	贷方
34	232 000.00	16	50 850.00
	232 000.00		50 850.00

无形资产

序号	借方	序号	贷方
17	10 000.00		
	10 000.00		0.00

在建工程

序号	借方	序号	贷方
		18	250 000.00
	0.00		250 000.00

生产成本

序号	借方	序号	贷方
20	49 000.00	43	136 153.55
27	95 000.00	44	202 790.00
31	5 000.00		
35	97 308.00		
42	150 170.00		
	396 478.00		338 943.55

预付账款

序号	借方	序号	贷方
		26	120 000.00
	0.00		120 000.00

累计摊销

序号	借方	序号	贷方
		29	3 000.00
	0.00		3 000.00

累计折旧

序号	借方	序号	贷方
		30	5 500.00
	0.00		5 500.00

其他应付款

序号	借方	序号	贷方
39	62 418.00	31	4 000.00
		38	66 023.00
	62 418.00		70 023.00

待处理财产损溢

序号	借方	序号	贷方
32	100.00	33	100.00
合计	100.00		100.00

本年利润

序号	借方	序号	贷方
48	686 864.99	47	765 000.00
50	19 533.75		
51	58 601.26		
合计	765 000.00		765 000.00

税金及附加

序号	借方	序号	贷方
48	4 304.99	49	4 304.99
合计	4 304.99		4 304.99

所得税费用

序号	借方	序号	贷方
50	19 533.75		19 533.75
合计	19 533.75		19 533.75

利润分配

序号	借方	序号	贷方
52	5 860.13	51	58 601.26
53	5 860.13	53	5 860.13
合计	11 720.26		64 461.39

盈余公积

序号	借方	序号	贷方
		52	5 860.13
合计	5 535 411.55		5 535 411.55

至此一月份业务的制单部分已完成。

第四章
记账与结账

我们制单完成之后，要根据审核无误的记账凭证登记账簿，并在期末结计出发生额及余额。

4.1 月底结计各会计科目余额

每笔业务发生时，根据原始凭证制单后，都要进行相应的账簿登记工作，根据发生业务的类别，分别记入日记账、明细账、总账等。本节根据第三章所编制的凭证，一一分别进行记账，记账后结计出本月发生额及余额。这样使读者有更直观的认识，也可以模拟操作一下。在实际工作中，也是这样进行操作的。记账结束后，在最后一笔业务下面划单红线，以示本月业务结束，结出本月合计数，在本月合计数下面，再划单红线，以与下月业务区分开来。

4.1.1 结计日记账余额

具体记账账页展示如图 4-1 至图 4-2 所示。

现 金 日 记 账

2022年 月	日	凭证号数	摘要	对应科目	借方	贷方	核对号	余额
			上年结转					2 3 0 0 0 0
1	3	1	张永借差旅费			1 5 0 0 0 0		8 0 0 0 0
1	5	5	核销差旅费		1 9 0 0 0			9 9 0 0 0
1	13	23	提取现金		5 0 0 0 0 0			5 9 9 0 0 0
1	15	24	付运输费			5 1 5 0 0		5 4 7 5 0 0
1	26	31	支租入设备押金			1 0 0 0 0 0		4 4 7 5 0 0
1	28	32	现金短款			1 0 0 0 0		4 3 7 5 0 0
1	28	33	赔偿现金短款		1 0 0 0 0			4 4 7 5 0 0
1	30	40	支付培训费			1 0 0 0 0 0		3 4 7 5 0 0
1			本月合计		5 2 9 0 0 0	4 1 1 5 0 0		3 4 7 5 0 0

图 4-1　现金日记账

银行存款日记账

> 借方 / 贷方 / 余额 各栏金额单位为：仟 佰 十 万 仟 佰 十 元 角 分

2022年 月	日	凭证号数	摘要	对应科目	借方	贷方	核对号	余额
			上年结转					1065550000
1	3	2	购进A材料			16950000		1048600000
1	5	3	销售甲产品		565000000			1613600000
1	5	6	付工会经费			4700000		1608900000
1	5	7	付供热费			180800000		1428100000
1	6	8	利息收入		500000			1428600000
1	6	9	购入电脑			4520000		1424080000
1	6	10	购入档案柜			1000000		1423080000
1	7	12	交增值税及附加税			11000000		1412080000
1	7	13	支付招待费			880000		1411200000
1	8	15	还借款及利息			430000000		981200000
1	9	17	支付商标款			10000000		971200000
1	10	19	收回应收账款		46400000			1017600000
1	10	21	支付广告费			5300000		1012300000
1	12	22	支付电费			9492000		1002808000
1	13	23	提取现金			5000000		997808000
1	16	25	支付电话费			5150000		992658000
1	19	26	购进C材料			106000000		886658000
1	22	28	支付水费			2278100		884379900
1	28	34	偿还欠款			232000000		652379900
1	28	36	销售甲产品		129950000			782329900
1	30	38	支付工资			81355000		700974900
1	30	39	上缴保险费			62418000		638556900
			本月合计		741850000	1168843100		638556900

图 4-2　银行存款日记账

4.1.2 结计总账余额

总账账页如图 4-3 至图 4-54 所示。

总 分 类 账

科目　　短期投资　　　　　2022 年度

2022 年		凭证号数	摘要	对应科目	借　方										贷　方										借或贷	余　额									
月	日				仟	佰	十	万	仟	佰	十	元	角	分	仟	佰	十	万	仟	佰	十	元	角	分		仟	佰	十	万	仟	佰	十	元	角	分
			上年结转																						借		1	0	0	0	0	0	0	0

图 4-3　短期投资总账

总 分 类 账

科目　　应收票据　　　　　2022 年度

2022 年		凭证号数	摘要	对应科目	借　方										贷　方										借或贷	余　额									
月	日				仟	佰	十	万	仟	佰	十	元	角	分	仟	佰	十	万	仟	佰	十	元	角	分		仟	佰	十	万	仟	佰	十	元	角	分
			上年结转																						借		1	7	4	0	0	0	0	0

图 4-4　应收票据总账

总 分 类 账

科目　应收账款　　　　2022 年度

2022年 月	日	凭证号数	摘要	对应科目	借方 仟	佰	十	万	仟	佰	十	元	角	分	贷方 仟	佰	十	万	仟	佰	十	元	角	分	借或贷	余额 仟	佰	十	万	仟	佰	十	元	角	分
			上年结转																						借			6	9	6	0	0	0	0	
1	8	14	销售乙产品			1	6	9	5	0	0	0	0																						
1	10	19	收回账款														4	6	4	0	0	0	0												
			本月合计			1	6	9	5	0	0	0	0				4	6	4	0	0	0	0		借		1	9	2	7	0	0	0	0	

图 4-5　应收账款总账

明 细 分 类 账

科目　应收账款（甲公司）　　　　2022 年度

2022年 月	日	凭证号数	摘要	对应科目	借方 仟	佰	十	万	仟	佰	十	元	角	分	贷方 仟	佰	十	万	仟	佰	十	元	角	分	借或贷	余额 仟	佰	十	万	仟	佰	十	元	角	分
			上年结转																						借			2	3	2	0	0	0	0	

图 4-6　应收账款明细账

明 细 分 类 账

2022 年度

科目　　应收账款（新大公司）

2022年		凭证号数	摘要	对应科目	借　方										贷　方										借或贷	余　额									
月	日				仟	佰	十	万	仟	佰	十	元	角	分	仟	佰	十	万	仟	佰	十	元	角	分		仟	佰	十	万	仟	佰	十	元	角	分
1	8	14	销售乙产品			1	6	9	5	0	0	0	0	0																					
			本月合计			1	6	9	5	0	0	0	0	0											借		1	6	9	5	0	0	0	0	0

图 4-7　应收账款明细账

明 细 分 类 账

2022 年度

科目　　应收账款（乙公司）

2022年		凭证号数	摘要	对应科目	借　方										贷　方										借或贷	余　额									
月	日				仟	佰	十	万	仟	佰	十	元	角	分	仟	佰	十	万	仟	佰	十	元	角	分		仟	佰	十	万	仟	佰	十	元	角	分
			上年结转																						借			4	6	4	0	0	0	0	0
1	10	19	收回账款															4	6	4	0	0	0	0											
			本月合计															4	6	4	0	0	0	0	平								0	0	0

图 4-8　应收账款明细账

总 分 类 账

2022 年度

科目　其他应收款

2022年 月	日	凭证号数	摘要	对应科目	借方	贷方	借或贷	余额
			上年结转				借	7 000 00
1	3	1	张永借差旅费		1 500 00			
1	5	5	核销差旅费			5 000 00		
			本月合计		1 500 00	5 000 00	借	3 500 00

图 4-9　其他应收款总账

明 细 分 类 账

2022 年度

科目　其他应收款（陈凯）

2022年 月	日	凭证号数	摘要	对应科目	借方	贷方	核对号	余额
			上年结转				借	5 000 00
1	5	5	核销差旅费			5 000 00		
			本月合计			5 000 00	平	0 00

图 4-10　其他应收款明细账

明 细 分 类 账

2022 年度

科目　其他应收款（张晓）

2022年 月	2022年 日	凭证号数	摘要	对应科目	借方 仟	佰	十	万	仟	佰	十	元	角	分	贷方 仟	佰	十	万	仟	佰	十	元	角	分	核对号	余额 仟	佰	十	万	仟	佰	十	元	角	分
			上年结转																						借					2	0	0	0	0	0

图 4-11　其他应收款明细账

明 细 分 类 账

2022 年度

科目　其他应收款（张永）

2022年 月	2022年 日	凭证号数	摘要	对应科目	借方 仟	佰	十	万	仟	佰	十	元	角	分	贷方 仟	佰	十	万	仟	佰	十	元	角	分	核对号	余额 仟	佰	十	万	仟	佰	十	元	角	分
1	3	1	借差旅费						1	5	0	0	0	0																					
			本月合计						1	5	0	0	0	0											借					1	5	0	0	0	0

图 4-12　其他应收款明细账

总 分 类 账

2022 年度

科目　预付账款

2022年		凭证号数	摘要	对应科目	借方										贷方										核对号	余额									
月	日				仟	佰	十	万	仟	佰	十	元	角	分	仟	佰	十	万	仟	佰	十	元	角	分		仟	佰	十	万	仟	佰	十	元	角	分
			上年结转																						借		1	2	0	0	0	0	0	0
1	19	26	购进材料														1	2	0	0	0	0	0	0										
			本月合计														1	2	0	0	0	0	0	0	平								0	0	0

图 4-13　预付账款总账

生 产 成 本 明 细 账

2022 年度

名称 甲产品

2022年 月	日	凭证号数	摘要	借方	直接材料	直接人工	制造费用
1	10	20	上年结转	5000000	2500000	1575000	925000
1	26	31	车间领材料	4900000	4900000		
1	28	35	支付设备租金	5000000			5000000
1	28	35	分配工资	3720600		3720600	
1	30	42	分配制造费用	5741630			5741630
1	30	43	结转完工产品	-13615355	-4366505	-3930056	-5318794
1	30	43	本月合计	6246875	3033495	1365544	1847836

图 4-14 生产成本明细账

生产成本明细账

2022年度

名称 乙产品

2022年 月	日	凭证号数	摘要	借方	直接材料	直接人工	制造费用
1	20	27	领料	95000000	95000000		
1	28	35	分配工资	6010200		6010200	
1	30	42	分配制造费用	9275370			9275370
1	30	44	结转完工产品	-20279000	-7150500	-5161800	-7966700
			本月合计	4506570	2349500	848400	1308670

图 4-15　生产成本明细账

原 材 料

2022 年度

名称　A 材料　　单位　件

2022年		凭证号数	摘要	借方										贷方										借或贷	余额									
月	日			数量	单价	佰	十	万	仟	佰	十	元	角	分	数量	单价	佰	十	万	仟	佰	十	元	角	分		数量	单价	佰	十	万	仟	佰	十	元	角	分
			上年结转																							借	1 000	34			3	4	0	0	0	0	0
1	3	2	购进材料	500	30			1	5	0	0	0	0	0																							
1	10	20	领料												1 000	34			3	4	0	0	0	0	0	借	500	30			1	5	0	0	0	0	0
			本月合计					1	5	0	0	0	0	0					3	4	0	0	0	0	0												

图 4-16　原材料明细账

原 材 料

2022 年度

名称 B 材料

单位 件

2022年		凭证号数	摘要	借 方												贷 方												借或贷	余 额											
月	日			数量	单价	佰	十	万	仟	佰	十	元	角	分	数量	单价	佰	十	万	仟	佰	十	元	角	分		数量	单价	佰	十	万	仟	佰	十	元	角	分
1	9	16	购 B 材料	3 000	15		4	5	0	0	0	0	0	0																							
1	10	20	领用 B 材料												1 000	15		1	5	0	0	0	0	0	0												
1	20	27	领用 B 材料												1 000	15		1	5	0	0	0	0	0	0												
			本月合计				4	5	0	0	0	0	0	0				3	0	0	0	0	0	0	0	借	100	15		1	5	0	0	0	0	0	0

图 4-17 原材料明细账

原材料明细账

名称 C材料　　单位 件

原 材 料
2022 年度

2022年 月	日	凭证号数	摘要	借方 数量	借方 单价	借方 金额	贷方 数量	贷方 单价	贷方 金额	借或贷	余额 数量	余额 单价	余额 金额
1	19	26	购进C材料	500	400	200000 00							
1	20	27	领用C材料				200	400	80000 00				
			本月合计			200000 00			80000 00	借	300	400	120000 00

图 4-18　原材料明细账

2022 年度

科目　低值易耗品

2022年 月	日	凭证号数	摘要	对应科目	借方 仟佰十万仟佰十元角分	贷方 仟佰十万仟佰十元角分	借或贷	余额 仟佰十万仟佰十元角分
			上年结转				借	8 0 0 0 0 0
1	6	10	购档案柜		1 0 0 0 0 0			
1	6	11	管理部门领用			1 0 0 0 0 0		
			本月合计		1 0 0 0 0 0	1 0 0 0 0 0	借	8 0 0 0 0 0

图 4-19　低值易耗品总账

库存商品明细账

2022 年度
名称　甲产品　　单位　件

2022年 月	日	凭证号数	摘要	借方 数量	借方 单价	借方 金额	贷方 数量	贷方 单价	贷方 金额	借或贷	余额 数量	余额 单价	余额 金额
			上年结转							借	1 370	350	479 500 00
1	5	4	结转成本				1 000	350	350 000 00				
1	28	37	结转成本				230	350	80 500 00				
1	30	43	结转完工产品	403	337.9	136 153 55							
			本月合计			136 153 55			430 500 00	借	543	340.98	185 153 55

图 4-20　库存商品明细账

库存商品明细账

库存商品
2022 年度　　　单位：件　　　名称 乙产品

2022年 月	日	凭证号数	摘要	借方 数量	借方 单价	借方 金额	贷方 数量	贷方 单价	贷方 金额	借或贷	余额 数量	余额 单价	余额 金额
			上年结转							借	602	250	150500.00
1	30	41	结转成本				500	250	125000.00				
1	30	44	结转完工产品	700	289.7	202790.00							
			本月合计			202790.00			125000.00	借	802	284.65	228290.00

图 4-21　库存商品明细账

总 分 类 账
2022 年度
科 目　长期股权投资

2022年 月	日	凭证号数	摘要	对应科目	借方 仟佰十万仟佰十元角分	贷方 仟佰十万仟佰十元角分	借或贷	余额 仟佰十万仟佰十元角分
			上年结转				借	1 6 0 0 0 0 0 0

图 4-22　长期股权投资总账

在实际业务中，长期股权投资根据业务需要，再设明细账。

总 分 类 账
2022 年度
科 目　固定资产

2022年 月	日	凭证号数	摘要	对应科目	借方 仟佰十万仟佰十元角分	贷方 仟佰十万仟佰十元角分	借或贷	余额 仟佰十万仟佰十元角分
			上年结转				借	1 2 0 0 0 0 0 0 0
1	6	9	购入电脑		4 0 0 0 0 0			
1	10	18	生产线转资产		2 5 0 0 0 0 0 0			
			本月合计		2 5 4 0 0 0 0 0		借	1 4 5 4 0 0 0 0 0

图 4-23　固定资产总账

总 分 类 账
2022 年度

科 目　累计折旧

2022年 月	日	凭证号数	摘要	对应科目	借方 仟佰十万仟佰十元角分	贷方 仟佰十万仟佰十元角分	借或贷	余额 仟佰十万仟佰十元角分
			上年结转				贷	2 0 0 0 0 0 0 0
1	25	30	计提折旧			5 5 0 0 0 0		
			本月合计			5 5 0 0 0 0	贷	2 0 5 5 0 0 0 0

图 4-24　累计折旧总账

总 分 类 账
2022 年度

科 目　在建工程

2022年 月	日	凭证号数	摘要	对应科目	借方 仟佰十万仟佰十元角分	贷方 仟佰十万仟佰十元角分	借或贷	余额 仟佰十万仟佰十元角分
			上年结转				借	3 0 6 6 0 0 0 0
1	10	18	生产线转资产			2 5 0 0 0 0 0 0		
			本月合计			2 5 0 0 0 0 0 0	借	5 6 6 0 0 0 0

图 4-25　在建工程总账

总分类账
2022 年度

科目　无形资产—商标权

月	日	凭证号数	摘要	对应科目	借方 仟	佰	十	万	仟	佰	十	元	角	分	贷方 仟	佰	十	万	仟	佰	十	元	角	分	借或贷	余额 仟	佰	十	万	仟	佰	十	元	角	分
			上年结转																						借		1	6	5	5	0	0	0	0	0
1	9	17	支购商标款					1	0	0	0	0	0	0																					
			本月合计					1	0	0	0	0	0	0											借		1	7	5	5	0	0	0	0	0

图 4-26　无形资产总账

总分类账
2022 年度

科目　短期借款

月	日	凭证号数	摘要	对应科目	借方 仟	佰	十	万	仟	佰	十	元	角	分	贷方 仟	佰	十	万	仟	佰	十	元	角	分	借或贷	余额 仟	佰	十	万	仟	佰	十	元	角	分
			上年结转																						贷			4	0	0	0	0	0	0	0
1	8	15	还借款				4	0	0	0	0	0	0	0																					
			本月合计				4	0	0	0	0	0	0	0											平								0	0	0

图 4-27　短期借款总账

总 分 类 账
2022 年度

科　目　应付账款

2022年 月	日	凭证号数	摘要	对应科目	借方	贷方	借或贷	余额
			上年结转				贷	9 3 6 0 0 0 0 0
1	9	16	购入 B材料			5 0 8 5 0 0 0		
1	28	34	偿还欠款		2 3 2 0 0 0 0 0			
			本月合计		2 3 2 0 0 0 0 0	5 0 8 5 0 0 0	贷	7 5 4 8 5 0 0 0

图 4-28　应付账款总账

明 细 分 类 账
2022 年度

科　目　应付账款（兴达五金有限公司）

2022年 月	日	凭证号数	摘要	对应科目	借方	贷方	借或贷	余额
			上年结转				贷	5 8 8 0 0 0 0 0
1	9	16	购B材料			5 0 8 5 0 0 0		
			本月合计			5 0 8 5 0 0 0	贷	6 3 8 8 5 0 0 0

图 4-29　应付账款明细账

明 细 分 类 账
2022 年度

科 目　应付账款—新大机电

2022年 月	日	凭证号数	摘要	对应科目	借方 仟佰十万仟佰十元角分	贷方 仟佰十万仟佰十元角分	借或贷	余额 仟佰十万仟佰十元角分
			上年结转				贷	3 4 8 0 0 0 0 0
1	28	34	偿还欠款		2 3 2 0 0 0 0 0			
			本月合计		2 3 2 0 0 0 0 0		贷	1 1 6 0 0 0 0 0

图 4-30　应付账款明细账

总 分 类 账
2022 年度

科 目　应付职工薪酬

2022年 月	日	凭证号数	摘要	对应科目	借方 仟佰十万仟佰十元角分	贷方 仟佰十万仟佰十元角分	借或贷	余额 仟佰十万仟佰十元角分
			上年结转				贷	5 0 0 0 0 0 0 0
1	5	6	支付工会经费		4 7 0 0 0 0			
1	28	35	分配工资			1 4 7 3 9 3 0 0		
1	30	36	支付工资		1 4 7 3 9 3 0 0			
1	30	40 1/2	核教育经费			1 0 0 0 0 0		
1	30	40 2/2	支付教育经费		1 0 0 0 0 0			
			本月合计		1 5 3 0 9 3 0 0	1 4 8 3 9 3 0 0	贷	4 9 5 3 0 0 0 0

图 4-31　应付职工薪酬总账

2022 年度

科 目　应交税费

月	日	凭证号数	摘要	对应科目	借方 仟	佰	十	万	仟	佰	十	元	角	分	贷方 仟	佰	十	万	仟	佰	十	元	角	分	借或贷	余额 仟	佰	十	万	仟	佰	十	元	角	分
			上年结转																						贷			4	0	0	0	0	0	0	0
1	3	2	购进A材料进项税					1	9	5	0	0	0	0																					
1	5	3	销售甲产品销项税															6	5	0	0	0	0	0											
1	5	7	付供热费进项税额					2	0	8	0	0	0	0																					
1	6	9	购电脑进项税额							5	2	0	0	0																					
1	7	12	交增值税及附加					1	1	0	0	0	0	0																					
1	8	14	销售乙产品销项税														1	9	5	0	0	0	0												
1	9	16	购B材料进项税						5	8	5	0	0	0																				
1	12	22	支电费进项税						1	0	9	2	0	0																				
1	19	26	购进C材料进项税额					2	6	0	0	0	0	0																					
1	22	28	支付水费进项税额							1	8	8	1	0																				
1	28	36	销售甲产品销项税														1	4	9	5	0	0	0												
1	30	38	应交个税																1	5	0	0													
1	30	45	应交增值税					4	3	0	4	9	9	0					4	3	0	4	9	9	0											
1	30	46	应交城建税														3	0	1	3	5	0													
1	30	46	应交教育费附加															1	2	9	1	4	9												
1	30	47	应交企业所得税														1	9	5	3	3	7	5												
			本月合计			1	1	0	4	5	0	0	0		1	6	6	3	5	3	6	4	贷		4	5	5	9	0	3	6	4

图 4-32　应交税费总账

144

2022年度

科目　应交税费—所得税

2022年 月	日	凭证号数	摘要	对应科目	借方	贷方	借或贷	余额
			上年结转				贷	4 0 0 0 0 0 0 0
1	30	49	应交税费			1 9 5 3 3 7 5	贷	4 1 9 5 3 3 7 5

图 4-33　应交税费明细账

明 细 分 类 账

2022年度

科目　应交税费—增值税

2022年 月	日	凭证号数	摘要	对应科目	借方	贷方	借或贷	余额
1	3	2	购进A材料进项税		1 9 5 0 0 0			
1	5	3	销售甲产品销项税			6 5 0 0 0 0		
1	5	7	支付供热费进项税		2 0 8 0 0 0			
1	6	9	购电脑进项税		5 2 0 0 0			
1	7	12	交增值税		1 0 0 0 0 0			
1	8	14	销售乙产品销项税			1 9 5 0 0 0		
1	9	16	购B材料进项税		5 8 5 0 0 0			
1	12	22	支电费进项税		1 0 9 2 0 0			
1	19	26	购进C材料进项税		2 6 0 0 0 0			
1	22	28	支付水费进项税		1 8 8 1 0			
1	28	36	销售甲产品销项税			1 4 9 5 0 0 0		
			本月合计		6 6 4 0 0 1 0	9 9 4 5 0 0 0	贷	3 3 0 4 9 9 0

图 4-34　应交税费明细账

明 细 分 类 账
2022 年度

科目　应交税费—个人所得税

2022年 月	日	凭证号数	摘要	对应科目	借方 仟佰十万仟佰十元角分	贷方 仟佰十万仟佰十元角分	借或贷	余额 仟佰十万仟佰十元角分
1	30	38	应交个税			1 5 0 0		
			本月合计			1 5 0 0	贷	1 5 0 0

图 4-35　应交税费明细账

明 细 分 类 账
2022 年度

科目　应交税费—城市维护建设税及教育费附加

2022年 月	日	凭证号数	摘要	对应科目	借方 仟佰十万仟佰十元角分	贷方 仟佰十万仟佰十元角分	借或贷	余额 仟佰十万仟佰十元角分
1	7	12	应交增值税及附加		1 0 0 0 0 0			
1	30	46	计提税金			4 3 0 4 9 9	贷	
			本月合计		1 0 0 0 0 0	4 3 0 4 9 9	贷	3 3 0 4 9 9

图 4-36　应交税费明细账

明 细 分 类 账

2022 年度

科目：应交税费——转出未交增值税

2022年 月	日	凭证号数	摘要	对方科目	借方	贷方	借或贷	余额
1	30	45	转出未交增值税		4 3 0 4 9 9 0			
			本月合计		4 3 0 4 9 9 0		借	4 3 0 4 9 9 0

图 4-37　应交税费明细账

明 细 分 类 账

2022 年度

科目：应交税费——未交增值税

2022年 月	日	凭证号数	摘要	对方科目	借方	贷方	借或贷	余额
1	30	45	转出未交增值税			4 3 0 4 9 9 0		
			本月合计			4 3 0 4 9 9 0	贷	4 3 0 4 9 9 0

图 4-38　应交税费明细账

总 分 类 账

2022 年度

科目：利润分配

2022年 月	日	凭证号数	摘要	对方科目	借方	贷方	借或贷	余额
1	1		期初余额				贷	5 2 6 5 0 0 0 0
1	30	51	结转利润分配			5 8 6 0 1 2 6		
1	30	52	提取公积金		5 8 6 0 1 3			
1	30	53	转入未分配利润		5 8 6 0 1 3	5 8 6 0 1 3		
			本月合计		1 1 7 2 0 2 6	6 4 4 6 1 3 9	贷	5 7 9 2 4 1 1 3

图 4-39　利润分配总账

总 分 类 账
2022 年度

科目　长期借款

2022年 月	日	凭证号数	摘要	对应科目	借方 仟	佰	十	万	仟	佰	十	元	角	分	贷方 仟	佰	十	万	仟	佰	十	元	角	分	借或贷	余额 仟	佰	十	万	仟	佰	十	元	角	分
			上年结转																						贷		2	0	0	0	0	0	0	0	0

图 4-40　长期借款总账

总 分 类 账
2022 年度

科目　实收资本

2022年 月	日	凭证号数	摘要	对应科目	借方 仟	佰	十	万	仟	佰	十	元	角	分	贷方 仟	佰	十	万	仟	佰	十	元	角	分	借或贷	余额 仟	佰	十	万	仟	佰	十	元	角	分
			上年结转																						贷		7	5	0	0	0	0	0	0	0

图 4-41　实收资本总账

总 分 类 账

2022 年度

科 目　盈余公积－法定公积金

2022年 月	日	凭证号数	摘要	对应科目	借方 仟佰十万仟佰十元角分	贷方 仟佰十万仟佰十元角分	借或贷	余额 仟佰十万仟佰十元角分
			上年结转				贷	1 2 0 0 0 0 0 0
1	30	52	计提盈余公积			5 8 6 0 1 3	贷	1 2 5 8 6 0 1 3

图 4-42　盈余公积总账

总 分 类 账

2022 年度

科 目　资本公积

2022年 月	日	凭证号数	摘要	对应科目	借方 仟佰十万仟佰十元角分	贷方 仟佰十万仟佰十元角分	借或贷	余额 仟佰十万仟佰十元角分
			上年结转				贷	6 0 0 0 0 0 0

图 4-43　资本公积总账

明 细 分 类 账

2022年度

科目　利润分配—未分配利润

月	日	凭证号数	摘要	对应科目	借方 仟	佰	十	万	仟	佰	十	元	角	分	贷方 仟	佰	十	万	仟	佰	十	元	角	分	借或贷	余额 仟	佰	十	万	仟	佰	十	元	角	分
			上年结转																						贷			5	2	6	5	0	0	0	0
1	30	51	结转利润															5	8	6	0	1	2	6											
1	30	53	结转公积金						5	8	6	0	1	3																					
			本月合计						5	8	6	0	1	3				5	8	6	0	1	2	6	贷			5	7	9	2	4	1	1	3

图 4-44　利润分配明细分类账

总 分 类 账

2022年度

科目　其他应付款

月	日	凭证号数	摘要	对应科目	借方 仟	佰	十	万	仟	佰	十	元	角	分	贷方 仟	佰	十	万	仟	佰	十	元	角	分	借或贷	余额 仟	佰	十	万	仟	佰	十	元	角	分
1	26	31	欠设备租金																4	0	0	0	0	0											
1	30	36	企业社保费															4	4	3	9	3	0	0											
1	30	36	个人社保费															2	1	6	3	0	0	0											
1	30	39	上缴保险费						6	2	4	1	8	0	0																				
			本月合计						6	2	4	1	8	0	0				7	0	0	2	3	0	0	贷				7	6	0	5	0	0

图 4-45　其他应付款总账

总 分 类 账
2022 年度

科目　累计摊销

2022年 月	日	凭证号数	摘要	对应科目	借方 仟佰十万仟佰十元角分	贷方 仟佰十万仟佰十元角分	借或贷	余额 仟佰十万仟佰十元角分
1	25	29	无形资产摊销			3 0 0 0 0 0		
			本月合计			3 0 0 0 0 0	贷	3 0 0 0 0 0

图 4-46　累计摊销总账

总 分 类 账
2022 年度

科目　主营业务收入

2022年 月	日	凭证号数	摘要	对应科目	借方 仟佰十万仟佰十元角分	贷方 仟佰十万仟佰十元角分	借或贷	余额 仟佰十万仟佰十元角分
1	5	3	销售甲产品			5 0 0 0 0 0 0 0		
1	8	14	销售乙产品			1 5 0 0 0 0 0 0		
1	28	36	销售甲产品			1 1 5 0 0 0 0 0		
1	30	47	结转收入		7 6 5 0 0 0 0 0			
			本月合计		7 6 5 0 0 0 0 0	7 6 5 0 0 0 0 0	平	0 0 0

图 4-47　主营业务收入总账

2022 年度

科目　主营业务成本

2022年 月	日	凭证号数	摘要	对应科目	借方 仟佰十万仟佰十元角分	贷方 仟佰十万仟佰十元角分	借或贷	余额 仟佰十万仟佰十元角分
1	5	4	结转甲产品成本		3 5 0 0 0 0 0 0			
1	28	37	结转甲产品成本		8 0 5 0 0 0 0			
1	30	41	结转乙产品成本		1 2 5 0 0 0 0			
1	30	48	结转成本			5 5 5 5 0 0 0 0		
			本月合计		5 5 5 5 0 0 0 0	5 5 5 5 0 0 0 0	平	0 0 0

图 4-48　主营业务成本总账

总 分 类 账
2022 年度

科目　本年利润

2022年 月	日	凭证号数	摘要	对应科目	借方 仟	佰	十	万	仟	佰	十	元	角	分	贷方 仟	佰	十	万	仟	佰	十	元	角	分	借或贷	余额 仟	佰	十	万	仟	佰	十	元	角	分
1	30	47	结转收入													7	6	5	0	0	0	0	0	0											
1	30	48	结转成本费用			6	8	6	8	6	4	9	9																						
1	30	50	结转所得税				1	9	5	3	3	7	5																						
1	30	51	结转利润				5	8	6	0	1	2	6																						
			本月合计			7	6	5	0	0	0	0	0			7	6	5	0	0	0	0	0	0	平							0	0	0

图 4-49　本年利润总账

总 分 类 账
2022 年度

科目　待处理财产损溢——流动资产损溢

2022年 月	日	凭证号数	摘要	对应科目	借方 仟	佰	十	万	仟	佰	十	元	角	分	贷方 仟	佰	十	万	仟	佰	十	元	角	分	借或贷	余额 仟	佰	十	万	仟	佰	十	元	角	分
1	28	32	现金短款							1	0	0	0	0																					
1	28	33	赔偿短款																	1	0	0	0	0										
			本月合计							1	0	0	0	0						1	0	0	0	0	平							0	0	0

图 4-50　待处理财产损溢总账

销售费用明细账

销 售 费 用

2022 年度

2022年 月	日	凭证号数	摘要	借方	差旅费	工资	广告费	供热费	其他
1	5	5	报差旅费	4810000	4810000				
1	5	7	支付供热费	16000000				16000000	
1	10	21	支付广告费	530000			530000		
1	16	25	支付电话费	288400					288400
1	25	30	计提折旧	50000					50000
1	28	35	分配工资	1144800		1144800			
1	30	48	结转费用	-4094200	-4810000	-1144800	-530000	-16000000	-338400
			本月合计	000	000	000	000	000	000

（费用项目）

图 4-51　销售费用明细账

管理费用
2022 年度

2022年 月	日	凭证号数	摘要	借方	供热费	办公费	招待费	折旧	工资
1	5	7	支付供热费	3200000	3200000				
1	6	11	领用档案柜	1000000		1000000			
1	7	13	支付招待费	880000			880000		
1	16	25	支付电话费	226600		226600			
1	25	29	无形资产摊销	800000				800000	
1	25	30	计提折旧	1500000				1500000	
1	28	35	分配工资	1717200					1717200
1	30	40	核算培训费	1000000		1000000			
1	30	46	结转费用	-5661800	-3200000	-4266600	-880000	-2300000	-1717200
			本月合计	000	000	000	000	000	000

图 4-52　管理费用明细账

制造费用明细账

2022 年度

2022年 月	日	凭证号数	摘要	借方	费用项目 供热费	电费、水费	折旧	工资	其他
1	5	7	支付供热费	1120000	1120000				
1	12	22	支付电费	840000		840000			
1	15	24	支付运输费	51500					51500
1	22	28	支付水费	209000		209000			
1	25	29	无形资产摊销	220000			220000		
1	25	30	计提折旧	350000			350000		
1	28	35	分配工资	2146500				2146500	
1	30	42	分配制造费用	-4937000	-1120000	-1049000	-570000	-2146500	-51500
			本月合计	000	000	000	000	000	000

图 4-53 制造费用明细账

财务费用
2022年度

2022年		凭证号数	摘要	借方	利息支出	费用项目
月	日			佰十万仟佰十元角分	佰十万仟佰十元角分	
1	6	8	利息收入	-5 0 0 0 0 0 0	-5 0 0 0 0 0 0	
1	8	15	还借款利息	3 0 0 0 0 0 0	3 0 0 0 0 0 0	
1	30	48	结转费用	-2 9 5 0 0 0 0	-2 9 5 0 0 0 0	
			本月合计	0 0 0	0 0 0	

图 4-54　财务费用明细账

4.2 编制试算平衡表

试算平衡，是指在借贷记账法下，利用借贷发生额和期末余额（期初余额）的平衡原理，检查账户记录是否正确的一种方法。

试算平衡表可以分为两种，一种是将本期发生额和期末余额分别编制列表；另一种是将本期发生额和期末余额合并在一张表上进行试算平衡。

通过试算平衡表来检查账簿记录是否正确，一般情况下是可行的，但这并不意味着绝对正确。从某种意义上讲，如果借贷不平衡，就可以肯定账户的记录或者是计算有错误，但是如果借贷平衡，我们也不能肯定账户记录没有错误，因为有些错误根本不影响借贷双方的平衡关系。

第一步：期末把全部账户应记录的经济业务登记入账，并计算出每个账户本期借方发生额，贷方发生额和期末余额。

第二步：编制总分类账户本期发生额及余额表。

应当指出，试算平衡表并不意味着日常账户记录完全正确只是基本正确，因为有些账户记录的错误很难从试算平衡表中发现。

这些错误包括：

（1）借贷双方发生同等金额的记录错误；

（2）漏记或重复记录同一项经济业务；

（3）账户记录发生借贷方向错误；

（4）用错有关账户名称。

这些错误需要其他方法进行查找。

4.3 对 账

对账就是核对账目。按照《会计基础工作规范》的要求，各单位应当定期将会计账簿记录的有关数字与库存实物、货币资金、有价证券、往来单位或个人等进行相互核对，保证账证相符、账账相符、账实相符，对账工作每年至少进行一次。

4.3.1 哪些账目需要对账

对账包括账证核对、账账核对、账实核对。

1. 账证核对

（1）总账与记账凭证汇总表是否相符。

（2）记账凭证汇总表与记账凭证是否相符。

（3）明细账与记账凭证所涉及的支票号码和其他结算票据种类是否相符。

2. 账账核对

（1）总分类账中各账户核对相符。

（2）总分类账中各账户应与其所属的各明细分类账户核对相符。

（3）现金、银行存款日记账与总分类账核对相符。

（4）会计部门的总账、明细账与相关职能部门的账、卡之间是否相符。

3. 账实核对

（1）现金日记账余额与库存现金核对。

（2）银行存款日记账余额与银行对账单核对。

（3）原材料、库存商品等明细账与实际库存进行核对。

（4）出租、出借、借入、租入财产等账簿，至少半年核对一次，保证账实相符。

4.3.2　会计差错

在对账过程中如发现错记、漏记问题，必须立即纠正。

1. 会计差错

会计差错主要有以下两种情况：

（1）因记账凭证本身错误造成的错账。具体有会计科目运用错误、记账方向错误和金额错误。发生上述情况，应运用红字冲销法或补充登记法予以纠正。

（2）记账凭证无误，只是登记入账或结计发生额和余额时发生错误。具体有重记或错记摘要、会计科目、记账方向、金额等。发生上述情况，应运用划线更正法予以纠正，如有漏记，进行补记即可。

2. 查找会计差错的方法

（1）抽查法。

①差数法，按照错账的差数，查找错账的方法。

②除 2 法，是指用差数除以 2 来查找错账的方法。

③除 9 法，是指以差数除以 9 来查找错账的方法。适用于将数写小或写大，邻数颠倒的情况。

（2）详查法。

①顺查法，按照账务处理的顺序，从原始凭证、账簿、编制会计报表全部过程进行查找的一种方法。

②逆查法，与顺查法相反，按照账务处理顺序，从会计报表、账簿、原始凭证的过程进行查找的方法。

3. 会计差错更正方法具体应用

找出会计差错后，不能随意涂改，必须按照规定的办法进行更正。更正差错的方法主要有划线更正法、红字更正法、补充登记法。

（1）划线更正法。

具体做法是：先在错误的文字或数字上画一条红线，表示注销，划线时必须使原有字迹仍可辨认；然后将正确的文字或数字用蓝字写在划线处的上方，并由记账人员在更正处盖章，以明确责任。

对于文字的错误，可以只划去错误的部分，并更正错误的部分。对于错误的数字，应当全部画红线更正，不能只更正其中的个别错误数字。如记账凭证中的文字或数字发生错误，在尚未过账前，也可用划线更正法更正。

具体应用如图 4-55 所示。

（2）红字更正法。

即先用红字填制一张与原错误完全相同的记账凭证，据以用红字登记入账，冲销原有的错误记录；同时再用蓝字填制一张正确的记账凭证，注明"订正×年×月×号凭证"，据以登记入账，这样就把原来的差错更正过来。应用红字更正法是为了正确反映账簿中的发生额和科目对应关系。

应用举例：生产车间生产产品领用材料一批，投入生产，计 2 500 元，误将"生产成本"科目写为"制造费用"科目，并已登记入账。

①原错误的会计分录如下：

借：制造费用　　　　　　　　　　　　　　　　2 500
　　贷：原材料　　　　　　　　　　　　　　　　　　2 500

②发现错误时，先用红字金额填制一张记账凭证，并登记入账。

借：制造费用　　　　　　　　　　　　　　　　2 500
　　贷：原材料　　　　　　　　　　　　　　　　　　2 500

③再用蓝字填制一张正确的记账凭证，并登记入账。

借：生产成本　　　　　　　　　　　　　　　　2 500
　　贷：原材料　　　　　　　　　　　　　　　　　　2 500

总 账

科目　库存现金

20×年 月	日	凭证 字	号	摘要	借方	√	贷方	√	借或贷	余额	√
1	1			上年结转					借	1 242 00	
1	1	银付	1	提现备发工资	35 000 00				借	36 242 00	
1	1	现付	1	支付工资			32 000 00		借	4 242 00	
1	1	现付	2	购买办公用品			125 00		借	4 117 00	
1	1	现收	1	报销差旅费	248 00				借	4 365 00	
1	1	现付	3	支付业务招待费			2 763 00（更正，原 2 736 00 划线）〔宋秋〕		借	1 602 00	

图 4-55　划线更正法

161

有时，根据记账凭证分别记入有关科目并无错误，但所填的金额大于应填的金额时，也可按照正确数字与错误数字的差额用红字金额填制一张记账凭证，据以登记入账，以冲销多记部分，并在账簿摘要栏注明"冲销×年×月×号凭证多记金额"。

应用举例：车间一般耗用材料 100 元，误记成 1 000 元。

①错误分录如下：

借：制造费用   1 000

    贷：原材料   1 000

②发现错误后，将多记金额填制一张红字金额的记账凭证，并登记入账。

借：制造费用   900

    贷：原材料   900

（3）补充登记法。

在登账后，发现记账凭证中会计科目及其对应关系没有错误，只是所记金额小于应记金额时，可按原会计分录同样的科目及对应关系补做一张记账凭证，将少记的金额以蓝字填入金额栏内，并在"摘要"栏注明"补充某月某日某号凭证少记金额"，据以入账将原少记金额补足。

例如：某工厂购入一批原材料，实际花费了 3 000 元。但登记时错写成了 300 元，就可用补充登记法进行改正。

①错误会计分录如下：

借：原材料   300

    贷：银行存款   300

②发现错误后，将少记金额填制一张蓝字金额的记账凭证，并登记入账。

借：原材料   2 700

    贷：银行存款   2 700

4.4 结　　账

结账，是指把一定时期内应记入账簿的经济业务全部登记入账后，计算记录本期发生额及期末余额，并将余额结转下期或新的账簿。

会计人员应按照规定，对现金、银行存款日记账按日结账，对其他账户按月、按年结账。

4.4.1　现金、银行存款日记账结账

为了加强对货币资金的管理，现金、银行存款日记账需按日结计本日发生额，按月结计本月发生额，但不需结计本年累计发生额。

（1）每日终了，先在本日最后一笔业务记录下划通栏单红线，结计出本日借贷方发生额，填在下一行的借贷方金额栏，在摘要栏内注明"本日合计"字样，并在下面划通栏单红线。

（2）每月终了，在日结的基础上，结计出本月借贷方发生额，填在下一行的借贷方金额栏，在摘要栏内注明"本月合计"字样，并在下面划通栏单红线。

（3）年末结账时，在"本月合计"行下面划通栏双红线。

具体应用如图 4-56 所示。

现 金 日 记 账

2022年 月	日	凭证号数	摘要	对应科目	借方 (仟佰十万仟佰十元角分)	贷方 (仟佰十万仟佰十元角分)	核对号	余额 (仟佰十万仟佰十元角分)
			上年结转					1 2 0 0 0 0
1	5	付2	张杰借差旅费			5 0 0 0 0	√	7 0 0 0 0
			本日合计			5 0 0 0 0	√	7 0 0 0 0
1	25	收1	提取库存现金		2 0 0 0 0 0		√	2 7 0 0 0 0
1	25	付3	李永核销办公费			7 5 0 0 0	√	1 9 5 0 0 0 0
			本日合计		2 0 0 0 0 0	7 5 0 0 0	√	1 9 5 0 0 0 0
			本月合计		2 0 0 0 0 0	1 2 5 0 0 0		1 9 5 0 0 0

图 4-56　现金日记账结账

4.4.2　其他三栏或多栏账户结账

其他三栏或多栏账户月结时，应在该月最后一笔经济业务下面画一条通

栏单红线，在红线下"摘要"栏内注明"本月合计"字样，在"借方"栏、"贷方"栏或"余额"栏分别填入本月合计数和月末余额，同时在"借或贷"栏内注明借贷方向。然后，在这一行下面再画一条通栏单红线，以便与下月发生额划清。如果有需要结计"本年累计"的账户，要结计出自年初起至本月末止的累计发生额，记入到下一行相应金额栏内，在摘要栏内注明"本年累计"字样，然后在下面划上通栏单红线。

年结时，在 12 月份月结的基础上，在"摘要"栏注明"本年累计"，同时结出借、贷方发生额及期末余额。然后，在这一行下面划上通栏双红线，以示封账。

具体应用如图 4-57 所示。

户名或编号：					科目 财务费用			
2022年 (月 日)	凭证号数	摘要	对应科目	借方 (仟佰十万仟佰十元角分)	贷方 (仟佰十万仟佰十元角分)	核对号	借或贷	余额 (仟佰十万仟佰十元角分)
1 25	付3	付手续费		7 5 0 0 0				
		本月合计		7 5 0 0 0			借	7 5 0 0 0
2 18	付5	支付利息费用		5 5 0 0 0				
		本月合计		5 5 0 0 0			借	1 3 0 0 0 0
		本年累计		1 3 0 0 0 0			借	1 3 0 0 0 0
		……						
12 25	收30	享受现金折扣			1 0 5 0 0 0			
12 30	记45	结转财务费用			2 5 0 0 0			
		本月合计			1 3 0 0 0 0		借	0 0 0
		本年累计		1 3 0 0 0 0	1 3 0 0 0 0		借	0 0 0

图 4-57 三栏账结账

需要注意的是，结账时在账簿中画红线的目的，是为了突出有关数字，表示本期的会计记录已截止或结束，并将本期与下期的记录明显分开，因此必须画通栏红线，不能只在金额栏下划线。结账时在不同账簿中可能会有一至多次划线，月结时应全部划通栏单红线，表示本月记录结束，以下账页用以登记下一月份的相关经济业务。年结时除最后一次划线外，均划通栏单红线，最后一次划通栏双红线，表示本年度会计记录结束，一般应更换新账簿，并将本账簿中的期末余额结转入新账簿。

注：在实际工作中，如果业务较少，也可以只结计出当日余额，用以和库存现金、银行存款余额对账，不必每日结计当日发生额，也不用划单红线，只在月末时结计本月发生额和余额，划通栏单红线即可。

4.4.3 年末余额的结转

一般来说，总账、日记账和多数明细分类账都是每年更换一次，有些财产物资明细账和债权债务明细账，由于材料品种、规格和往来单位较多，更换新账工作量较大，可以跨年度使用，不必每年都更换一次，各种备查账簿也可以连续使用。

当更换新账时，对旧账中有年末余额的账户，应将其余额结转下年。结转的方法是：在旧账年结双红线下行摘要栏内注明"结转下年"字样，将账户余额直接记入新账第一行余额栏，并在摘要栏内注明"上年结转"字样。结转余额时不需编制记账凭证，也不需要将余额再记入本年账户的借方或贷方，使本年有余额的账户余额结平。

第五章
编制会计报表

当一个月的会计凭证都已记账，并且核对正确后，就可以根据账簿进行编制会计报表。

会计报表是对小企业某一特定日期财务状况和某一会计期间经营成果、现金流量的总结性书面文件。

5.1 资产负债表

资产负债表的数据，基本都是通过对日常会计核算记录的金额加以归集、整理编制的。

小企业会计主要编制以下几种报表及说明，如图 5-1 所示。

资产负债表	利润表	现金流量表	附注
• 反映小企业在某一特定日期的财务状况的报表	• 反映小企业在一定会计期间的经营成果的报表	• 反映小企业在一定会计期间现金流入和流出情况的报表	• 对在报表中列示项目的文字描述或明细资料，以及未能在报表中列示项目的说明等

图 5-1　财务报表

5.1.1　资产负债表编制原则

1. 根据明细账户期末余额分析计算填列

资产负债表中一部分项目的"期末余额"需要根据有关明细账户的期末余额分析计算填列，如图 5-2 所示。

按几个科目余额加减后的金额填列	应收账款=应收账款期初借方余额+应收账款明细科目的借方余额合计-坏账准备中有关应收账款已计提的坏账准备余额+预收账款明细科目的借方余额合计
	预付账款=预付账款期初借方余额+预付账款明细科目中的借方余额合计+应付账款明细科目的借方余额合计
	应付账款=应付账款期初贷方余额+应付账款明细科目贷方余额合计+预付账款明细科目贷方余额合计
	预收账款=预收账款期初贷方余额+预收账款明细科目贷方余额合计+应收账款明细科目贷方余额合计
	存货=材料采购+原材料+低值易耗品+库存商品+周转材料+分期收款发出商品+委托加工物资+生产成本+受托代销商品-代销商品款-存货跌价准备±材料成本差异±商品进销差价

图 5-2　填列公式

2. 根据总账账户期末余额计算填列

资产负债表中一部分项目的"期末余额"需要根据有关总账账户的期末余额计算填列，如图 5-3 所示。

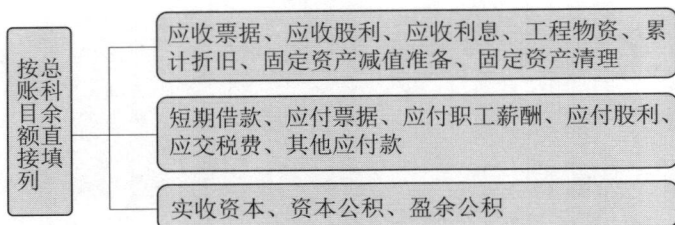

图 5-3　相关项目

3. 按几个总账科目余额之和填列

"货币资金""存货"项目是按几个总账科目余额之和填列的，具体如图 5-4所示。

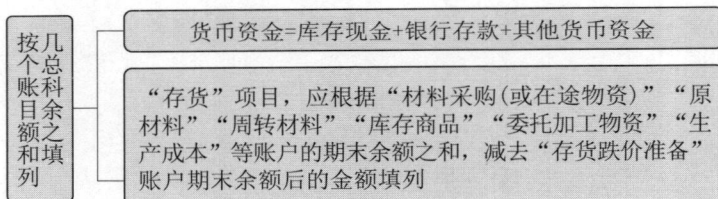

图 5-4　填列方法

4. 按总账科目余额减去备抵科目余额后的金额填列

"其他应收款""长期股权投资""在建工程""无形资产""固定资产"项目是根据总账科目余额减去备抵科目余额后的金额填列的，公式如下：

其他应收款＝其他应收款－有关其他应收款的坏账准备。

长期股权投资＝长期股权投资－长期投资减值准备

在建工程＝在建工程－在建工程减值准备

无形资产＝无形资产－无形资产减值准备

固定资产＝固定资产－固定资产减值准备

提示：小企业会计不计提减值准备，报表填制相对简单。

5.1.2 报表项目填列方法

资产负债表的各项目具体填列方法见表 5-1。

表 5-1　资产负债表各项目填列方法

序　号	项　　目	内　　容	填列方法
1	货币资金	反映小企业库存现金、银行存款、其他货币资金的合计数	本项目根据"库存现金""银行存款"和"其他货币资金"科目的期末余额合计填列
2	以公允价值计量且其变动计入当期损益的金融资产	反映小企业购入的能随时变现并且持有时间不准备超过 1 年的股票、债券和基金投资的余额	本项目根据"短期投资"科目的期末余额填列
3	应收票据	反映小企业因销售商品、提供劳务等日常生产经营活动应收取的款项或收到的未到期收款也未向银行贴现的应收票据	本项目根据"应收票据"期末余额分析填列
	应收账款		本项目根据"应收账款"期末余额分析填列,如"应收账款"科目期末为贷方余额,应当在"预收账款"项目列示
4	预付款项	反映小企业按照合同规定预付的款项。包括:根据合同规定预付的购货款、租金工程款等	本项目根据"预付账款"科目的期末借方余额填列。如"预付账款"科目期末为贷方余额,应当在"应付账款"项目列示
5	其他应收款	反映小企业除应收票据、应收账款、预付账款、应收股利、应收利息等以外的其他各种暂付款项。包括:各种应收的赔款、应向职工收取的各种垫付款项等	本项目应根据"其他应收款""应收利息""应收股利"科目的期末余额填列
6	存货	反映小企业期末在库、在途和在加工中的各项存货的成本。包括:各种原材料、在产品、半成品、产成品、商品、周转材料(包装物、低值易耗品等)、消耗性生物资产等	本项目根据"材料采购""在途物资""原材料""材料成本差异""生产成本""库存商品""商品进销差价""委托加工物资""周转材料""消耗性生物资产"等科目的期末余额分析填列

169

序 号	项 目	内 容	填列方法
7	其他流动资产	反映小企业除以上流动资产项目外的其他流动资产	本项目应根据有关科目的期末余额分析填列
8	长期股权投资	反映小企业准备长期持有的权益性投资的成本	本项目应根据"长期股权投资"科目的期末余额填列
9	固定资产原价和累计折旧	反映小企业固定资产的原价（成本）及累计折旧	这两个项目根据"固定资产"科目和"累计折旧"科目的期末余额填列
10	固定资产账面价值	反映小企业固定资产原价扣除累计折旧后的余额	本项目根据"固定资产"科目的期末余额减去"累计折旧"科目的期末余额后的金额填列
11	在建工程	反映小企业尚未完工或虽已完工，但尚未办理竣工决算的工程成本	本项目根据"在建工程"科目的期末余额填列
12	生产性生物资产	反映小企业生产性生物资产的账面价值	本项目根据"生产性生物资产"科目的期末余额减去"生产性生物资产累计折旧"科目的期末余额后的金额填列
13	无形资产	反映小企业无形资产的账面价值	本项目根据"无形资产"科目的期末余额减去"累计摊销"科目的期末余额后的金额填列
14	开发支出	反映小企业正在进行的无形资产研究开发项目满足资本化条件的支出	本项目根据"研发支出"科目的期末余额填列
15	长期待摊费用	反映小企业尚未摊销完毕的已提足折旧的固定资产的改建支出、经营租入固定资产的改建支出、固定资产的大修理支出和其他长期待摊费用	本项目根据"长期待摊费用"科目的期末余额分析填列
16	其他非流动资产	反映小企业除以上非流动资产以外的其他非流动资产	本项目根据有关科目的期末余额分析填列

序　号	项　　目	内　　容	填列方法
17	短期借款	反映小企业向银行或其他金融机构等借入的期限在1年内的、尚未偿还的各种借款本金	本项目根据"短期借款"科目的期末余额填列
18	应付票据	反映小企业因购买材料、商品和接受劳务等日常生产经营活动尚未支付的款项，或开出承兑的商业汇票尚未到期的票面金额	本项目根据"应付票据"科目的期末余额填列
	应付账款		本项目根据"应付账款"科目的期末余额填列，如"应付账款"科目期末为借方余额，应当在"预付账款"项目列示
19	预收账款	反映小企业根据合同规定预收的款项。包括：预收的购货款、工程款等	本项目根据"预收账款"科目的期末贷方余额填列。如"预收账款"科目期末为借方余额，应当在"应收账款"项目列示
20	应付职工薪酬	反映小企业应付未付的职工薪酬	本项目根据"应付职工薪酬"科目期末余额填列
21	应交税费	反映小企业期末未交、多交或尚未抵扣的各种税费	本项目根据"应交税费"科目的期末贷方余额填列，如"应交税费"科目期末为借方余额，以"—"号填列
22	其他应付款	反映小企业除应付账款、预收账款、应付职工薪酬、应交税费、应付利息、应付利润等以外的其他各项应付、暂收的款项。包括：应付租入固定资产和包装物的租金、存入保证金等	本项目根据"其他应付款""应付利息""应付股利"科目的期末余额填列
23	其他流动负债	反映小企业除以上流动负债以外的其他流动负债	本项目根据有关科目的期末余额填列
24	长期借款	反映小企业向银行或其他金融机构借入的期限在1年以上的、尚未偿还的各项借款本金	本项目根据"长期借款"科目的期末余额分析填列

序 号	项 目	内 容	填列方法
25	长期应付款	反映小企业除长期借款以外的其他各种应付未付的长期应付款项。包括：应付融资租入固定资产的租赁费、以分期付款方式购入固定资产发生的应付款项等	本项目根据"长期应付款""专项应付款"科目的期末余额分析填列
26	递延收益	反映小企业收到的、应在以后期间计入损益的政府补助	本项目根据"递延收益"科目的期末余额分析填列
27	其他非流动负债	反映小企业除以上非流动负债项目以外的其他非流动负债	本项目根据有关科目的期末余额分析填列
28	实收资本	反映小企业收到的投资者按照合同协议约定或相关规定投入的、构成小企业注册资本的部分	本项目根据"实收资本"科目的期末余额分析填列
29	资本公积	反映小企业收到投资者投入资本超出其在注册资本中所占份额的部分	本项目根据"资本公积"科目的期末余额填列
30	盈余公积	反映小企业的法定公积金和任意公积金，小企业的储备基金和企业发展基金	本项目根据"盈余公积"科目的期末余额填列
31	未分配利润	反映小企业尚未分配的历年结存的利润	本项目根据"利润分配"科目的期末余额填列。未弥补的亏损，在本项目内以"一"号填列

5.1.3　永胜机械有限公司资产负债表

黑龙江省永胜机械有限公司的资产负债表，见表5-2。

表 5-2　资产负债表

编制单位：黑龙江省永胜机械有限公司　　　　　　　　　　　　2022 年 1 月 31 日

资产	期末余额	年初余额	负债和所有者权益	期末余额	年初余额
流动资产：			流动负债：		
货币资金	641 981.90	1 067 800.00	短期借款		400 000.00
以公允价值计量且其变动计入当期损益的金融资产	100 000.00	100 000.00	以公允价值计量且其变动计入当期损益的金融负债		
应收票据	174 000.00	174 000.00	应付票据	0	0
应收账款	192 700	69 600.00	应付账款	754 850.00	936 000.00
预付款项	0	120 000.00	预收款项		
其他应收款	3 500.00	7 000.00	应付职工薪酬	495 300.00	500 000.00
存货	678 978.00	722 000.00	应交税费	455 903.64	400 000.00
其他流动资产			其他应付款	7 605.00	
流动资产合计	1 791 159.90	2 260 400.00	其他流动负债		
非流动资产：			流动负债合计	1 713 658.64	2 236 000.00
可供出售金融资产			非流动负债：		
持有至到期投资			长期借款	200 000.00	200 000.00
长期应收款			应付债券		
长期股权投资	160 000.00	160 000.00	长期应付款		
投资性房地产			预计负债		
固定资产	1 248 500.00	1 000 000.00	递延收益		

资产	期末余额	年初余额	负债和所有者权益	期末余额	年初余额
在建工程	56 600.00	306 600.00	递延所得税负债		
生产性生物资产			其他非流动负债		
无形资产	172 500.00	165 500.00	非流动负债合计	200 000.00	200 000.00
开发支出			负债合计	1 913 658.64	2 436 000.00
商誉			所有者权益：		
长期待摊费用			实收资本	750 000.00	750 000.00
递延所得税资产			资本公积	60 000.00	60 000.00
其他非流动资产			盈余公积	125 860.13	120 000.00
非流动产合计	1 637 600.00	1 632 100.00	未分配利润	579 241.13	526 500.00
			所有者权益合计	1 515 101.26	1 456 500.00
资产总计	3 428 759.90	3 892 500.00	负债和所有者权益总计	3 428 759.90	3 892 500.00

单位领导：赵阳 　　　　　会计主管：刘永忠 　　　　　会计：赵刚

　　由于小企业业务量较少也相对简单，一般在填制资产负债表时，很多数据都可以直接根据账簿结出余额进行填列，在填列的过程中，为了验证数据的正确性，可以用上期余额加减本期借贷方发生额，与报表进行核对。

5.2 利 润 表

　　利润表又称为收益表或损益表，是反映小企业在一定会计期间经营成果的报表。利润表是把一定期间的收入与其同一期间的相关的费用进行配比，以计算出企业一定时期的净利润（或净亏损）。一个企业的净利润是企业经营业绩的综合体现。

利润表主要是分拆项目，并对部分项目的先后顺序进行调整，同时简化部分项目的报表：

（1）新增"研发费用"项目，从"管理费用"项目中分拆"研发费用"项目。

（2）在"财务费用"项目下新加"利息费用"和"利息收入"项目。

（3）新增"其他收益""资产处置收益"，对"营业外收入""营业外支出"行项目核算内容进行调整。

5.2.1 利润表各项目计算方法

我国利润表的结构主要是多步式，通过对当期的收入、费用、支出项目按性质加以归类，按利润形成的主要环节列示一些中间性的利润指标，如营业利润、利润总额、净利润，分步计算当期净损益。

营业利润＝营业收入－营业成本－税金及附加－销售费用－管理费用－研发费用－财务费用－资产减值损失＋投资收益

利润总额＝营业利润＋营业外收入－营业外支出

净利润＝利润总额－所得税费用

利润表的具体填制方法见表 5-3。

表 5-3 利润表的内容及具体填列方法

序　号	项　　目	内　　容	填列方法
1	营业收入	反映小企业销售商品和提供劳务所实现的收入总额	本项目根据"主营业务收入"科目和"其他业务收入"科目的发生额合计填列
2	营业成本	反映小企业所销售商品的成本和所提供劳务的成本	本项目根据"主营业务成本"科目和"其他业务成本"科目的发生额合计填列
3	税金及附加	反映小企业开展日常生产活动应负担的消费税、城市维护建设税、资源税、土地增值税、城镇土地使用税、房产税、车船税、印花税、教育费附加、矿产资源补偿费、排污费等	本项目根据"税金及附加"科目的发生额填列

序　号	项　目	内　　容	填列方法
4	销售费用	反映小企业销售商品或提供劳务过程中发生的费用	本项目根据"销售费用"科目的发生额填列
5	管理费用	反映小企业为组织和管理生产经营发生的其他费用	本项目根据"管理费用"科目的发生额填列
6	财务费用	反映小企业为筹集生产经营所需资金而发生的费用	本项目根据"财务费用"科目的发生额填列
7	投资收益	反映小企业股权投资取得的现金股利（或利润）、债券投资取得的利息收入和处置股权投资和债券投资取得的处置价款扣除成本或账面余额、相关税费后的净额	本项目根据"投资收益"科目的发生额填列，如为投资损失，以"－"号填列
8	营业利润	反映小企业当期开展日常生产经营活动实现的利润	本项目根据营业收入扣除营业成本、税金及附加、销售费用、管理费用、财务费用，加上投资收益后的金额填列。如为亏损，以"－"号填列
9	营业外收入	包括：非流动资产处置净收益、政府补助、捐赠收益、盘盈收益、汇兑收益、出租包装物和商品的租金收入、逾期未退包装物押金收益、确实无法偿付的应付款项、已做坏账损失处理后又收回的应收款项、违约金收益等	本项目根据"营业外收入"科目的发生额填列
10	营业外支出	包括：存货的盘亏、毁损、报废损失，非流动资产处置净损失，坏账损失，无法收回的长期债券投资损失，无法收回的长期股权投资损失，自然灾害等不可抗力因素造成的损失，税收滞纳金，罚金，罚款，被没收财物的损失，捐赠支出，赞助支出额	本项目根据"营业外支出"科目的发生额填列
11	利润总额	反映小企业当期实现的利润总额	本项目根据营业利润加上营业外收入减去营业外支出后的金额填列。如为亏损总额，以"－"号填列

序　号	项　目	内　容	填列方法
12	所得税费用	反映小企业根据所得税法确定的应从当期利润总额中扣除的所得税费用	本项目根据"所得税费用"科目的发生额填列
13	净利润	反映小企业当期实现的净利润	本项目根据利润总额扣除所得税费用后的金额填列。如为净亏损，以"一"号填列

5.2.2　永胜机械有限公司利润表

根据利润表的填制方法，我们就可以根据账簿和科目余额表分析填列利润表。具体见表5-4。

表5-4　利润表

编制单位：黑龙江省永胜机械有限公司　　　　2022年1月　　　　单位：元

项　目	本期金额	上期金额（略）
一、营业收入	765 000.00	
减：营业成本	555 500.00	
税金及附加	4 304.99	
销售费用	40 942.00	
管理费用	56 618.00	
研发费用		
财务费用	29 500.00	
其中：利息费用	30 000.00	
利息收入	500.00	
资产减值损失		
加：其他收益		
投资收益（损失以"一"号填列）		
其中：对联营企业和合营企业的投资收益		

项　　目	本期金额	上期金额（略）
公允价值变动收益（损失以"－"号填列）		
资产处置收益（损失以"－"号填列）		
二、营业利润（亏损以"－"号填列）	78 135.01	
加：营业外收入		
减：营业外支出		
三、利润总额（亏损总额以"－"号填列）	78 135.01	
减：所得税费用	19 533.75	
四、净利润（净亏损以"－"号填列）	58 601.26	
（一）持续经营净利润（净亏损以"－"号填列）	58 601.26	
（二）终止经营净利润（净亏损以"－"号填列）		

单位领导：赵阳　　　　　　会计主管：刘永忠　　　　　　会计：赵刚

5.3　现金流量表

现金流量表，是指反映小企业在一定会计期间现金流入和流出情况的报表。这里所说的现金，是指小企业的库存现金以及可以随时用于支付的存款和其他货币资金。

现金流量表的作用：

（1）现金流量表能够说明小企业一定期间内现金流入和流出的原因；

（2）现金流量表能够说明小企业的偿债能力和支付股利的能力；

（3）现金流量表可以用来分析小企业未来获取现金的能力；

（4）现金流量表可以用来分析小企业投资和理财活动对经营成果和财务状况的影响；

（5）现金流量表可以用来预测小企业未来的发展情况。

5.3.1 现金流量表编制方法

现金流量表应当分别经营活动、投资活动和筹资活动列报现金流量。现金流量应当分别按照现金流入和现金流出总额列报。

经营活动现金流量是指小企业投资活动和筹资活动以外的所有交易和事项。包括：①销售产成品、商品、提供劳务收到的现金；②购买原材料、商品、接受劳务支付的现金；③支付的职工薪酬；④支付的税费。

投资活动现金流量是指小企业固定资产、无形资产、其他非流动资产的购建和短期投资、长期债权投资、长期股权投资及其处置活动。包括：①收回短期投资、长期债权投资和长期股权投资收到的现金；②取得投资收益收到的现金；③处置固定资产、无形资产和其他非流动资产收回的现金净额；④短期投资、长期债权投资和长期股权投资支付的现金。

筹资活动现金流量是指导致小企业资本及债务规模和构成发生变化的活动。包括：①取得借款收到的现金；②吸收投资者投资收到的现金；③偿还借款本金支付的现金；④偿还借款利息支付的现金；⑤分配利润支付的现金。

现金流量表具体填报方法见表5-5。

表5-5 现金流量表各项目内容及填列方法

序号	项　目	内　容	填列方法
经营活动产生的现金流量：			
1	销售产成品、商品、提供劳务收到的现金	反映小企业本期销售产成品、商品、提供劳务收到的现金	本项目可以根据"库存现金""银行存款"和"主营业务收入"等科目的本期发生额分析填列
2	收到其他与经营活动有关的现金	反映小企业本期收到的其他与经营活动有关的现金	本项目可以根据"库存现金""银行存款"等科目的本期发生额分析填列
3	购买原材料、商品、接受劳务支付的现金	反应小企业本期购买原材料、商品、劳务支付的现金	本项目可以根据"库存现金""银行存款""其他货币资金""原材料""库存商品"等科目的本期发生额分析填列

序号	项 目	内 容	填列方法
4	支付的职工薪酬	反映小企业本期向职员支付的薪酬	本项目可以根据"库存现金""银行存款""应付职工薪酬"等科目的本期发生额分析填列
5	支付的税费	反映小企业本期支付的税费	本项目可以根据"库存现金""银行存款""应交税费"等科目的本期发生额分析填列
6	支付其他与经营活动有关的现金	反映小企业本期支付的其他与经营活动有关的现金	本项目可以根据"库存现金""银行存款"等科目的本期发生额分析填列
投资活动产生的现金流量：			
1	收回短期投资、长期债券投资和长期股权投资收到的现金	反映小企业出售、转让或到期收回短期投资、长期股权投资而收到的现金，以及收回长期债券投资本金而收到的现金，不包括长期债券投资收回的利息	本项目根据"库存现金""银行存款""短期投资""长期股权投资""长期债权投资"等科目的本期发生额分析填列
2	取得投资收益收到的现金	反映小企业因权益性投资和债权性投资取得的现金股利或利润和利息收入	本项目根据"库存现金""银行存款""投资收益"等科目的本期发生额分析填列
3	处置固定资产、无形资产和其他非流动资产收回的现金净额	反应小企业处置固定资产、无形资产和其他非流动资产取得的现金，减去为处置这些资产而支付的有关税费等后的净额	本项目根据"库存现金""银行存款""投资收益"等科目的本期发生额分析填列
4	短期投资、长期债券投资和长期股权投资支付的现金	反映小企业进行权益性投资和债权性投资支付的现金。包括：企业取得短期股票投资、短期债券投资、短期基金投资、长期债券投资、长期股权投资支付的现金	本项目根据"库存现金""银行存款""短期投资""长期股权投资""长期债权投资"等科目的本期发生额分析填列

序号	项 目	内 容	填列方法
5	购建固定资产、无形资产和其他非流动资产支付的现金	反映小企业购建固定资产、无形资产和其他非流动资产支付的现金。包括：购买机器设备无形资产。生产性生物资产支付的现金、建造工程支付的现金等现金支出。不包括为购建固定资产、无形资产和其他非流动资产而发生的借款费用资本化部分和支付给在建工程和无形资产开发项目人员的薪酬。为购建固定资产无形资产和其他非流动资产而发生借款费用资本化部分，在"偿还借款利息支付的现金"项目反映；支付给在建工程和无形资产开发项目人员的薪酬，在"支付的职工薪酬"项目反应	本项目根据"库存现金""银行存款""固定资产""在建工程""无形资产""研发支出""生产性生物资产""应付职工薪酬"等科目的本期发生额分析填列
筹资活动产生的现金流量：			
1	取得借款收到的现金	反映小企业举借各种短期、长期借款收到的现金	本项目根据"库存现金""银行存款""短期借款""长期借款"等科目的本期发生额分析填列
2	吸收投资者投资收到的现金	反映小企业收到的投资者作为资本投入的现金	本项目根据"库存现金""银行存款""实收资本""资本公积"等科目的本期发生额分析填列
3	偿还借款本金支付的现金	反映小企业以现金偿还各种短期、长期借款的本金	本项目根据"库存现金""银行存款""短期借款""长期借款"等科目的本期发生额分析填列
4	偿还借款利息支付的现金	反映小企业以现金偿还各种短期、长期借款的利息	本项目根据"库存现金""银行存款""应付利息"等科目的本期发生额分析填列
5	分配利润支付的现金	反映小企业向投资者实际支付的利润	本项目根据"库存现金""银行存款""应付利润"等科目的本期发生额分析填列

5.3.2 永胜机械有限公司现金流量表

根据现金流量表的填报方法，我们可以填报黑龙江省永胜机械有限公司的现金流量表见表 5-6。

(1) "销售商品、提供劳务收到的现金"项目＝565 000＋46 400＋129 950＝741 350（元）

(2) "收到其他与经营活动有关的现金"项目＝500＋190＝690（元）

(3) "购买商品、接受劳务支付的现金"项目＝16 950＋106 000＋232 000＋112 000＋8 400＋2 090＋515＋5 300＝483 255（元）

(4) "支付给职工以及为职工支付的现金"项目＝81 355＋62 418＋4 700＝148 473（元）

(5) "支付的各项税费"＝11 000（元）

(6) "支付的其他与经营活动有关的现金"项目＝188.10＋5 150＋1 092＋880＋68 800＋1 500＋1 000＋1 000＋1 000＝80 610.10（元）

(7) "购建固定资产、无形资产和其他长期资产支付的现金"项目＝4 520＋10 000＝14 520（元）

(8) "偿还债务支付的现金"项目＝400 000（元）

(9) "分配股利、利润或偿付利息支付的现金"项目＝30 000（元）

表 5-6　现金流量表

编制单位：黑龙江省永胜机械有限公司　2019 年 1 月 　　　　　　　　　　　　　单位：元

项　　目	本年累计金额	本月金额
一、经营活动产生的现金流量		
销售商品、提供劳务收到的现金	741 350.00	741 350.00
收到的税费返还		
收到其他与经营活动有关的现金	690.00	690.00
经营活动现金流入小计	742 040.00	742 040.00
购买商品、接受劳务支付的现金	483 255.00	483 255.00
支付给职工以及为职工支付的现金	148 473.00	148 473.00
支付的各项税费	11 000.00	11 000.00

项　　目	本年累计金额	本月金额
支付其他与经营活动有关的现金	80 610.10	80 610.10
经营活动现金流出小计	723 338.10	723 338.10
经营活动产生的现金流量净额	18 701.90	18 701.90
二、投资活动产生的现金流量		
收回投资收到的现金		
取得投资收益收到的观金		
处置固定资产、无形资产和其他长期资产收回的现金净额		
处置子公司及其他营业单位收到的现金净额		
收到其他与投资活动有关的现金		
投资活动现金流入小计		
购建固定资产、无形资产和其他长期资产支付的现金	14 520.00	14 520.00
取得子公司及其他营业单位支付的现金净额		
支付其他与投资活动有关的现金		
投资活动现金流出小计	14 520.00	14 520.00
投资活动产生的现金流量净额	－14 520.00	－14 520.00
三、筹资活动产生的现金流量		
吸收投资收到的现金		
取得借款收到的现金		
收到其他与筹资活动有关的现金		
筹资活动现金流入小计		
偿还债务支付的现金	400 000.00	400 000.00

项　　目	本年累计金额	本月金额
分配股利、利润或偿付利息支付的现金	30 000.00	30 000.00
支付其他与筹资活动有关的现金		
筹资活动现金流出小计	430 000.00	430 000.00
筹资活动产生的现金流量净额	−430 000.00	−430 000.00
四、汇率变动对现金及现金等价物的影响		
五、现金及现金等价物净增加额	425 818.10	425 818.10
加：期初现金及现金等价物余额	1 067 800.00	1 067 800.00
六、期末现金及现金等价物余额	641 981.90	641 981.90

5.4　附　　注

《小企业会计准则》第八十六条指出，附注是指对在资产负债表、利润表和现金流量表等报表中列示项目的文字描述或明细资料，以及对未能在这些报表中列示项目的说明等。

财务报表附注旨在帮助财务报表使用者深入了解基本财务报表的内容，财务报表制作者对资产负债表、利润表和现金流量表的有关内容和项目所作的说明和解释。财务报表附注中的内容非常重要，主要包括：企业所采用的主要会计处理方法；会计处理方法的变更情况、变更的原因及对财务状况和经营业绩的影响。附注是财务报表的重要组成部分，附注应按照下列顺序进行披露：

（1）遵循《小企业会计准则》的声明；

（2）短期投资、应收账款、存货、固定资产项目的说明；

（3）应付职工薪酬、应交税费项目的说明；

（4）利润分配的说明；

（5）用于对外担保的资产名称、账面余额及形成的原因；未决诉讼、未决仲裁以及对外提供担保所涉及的金额；

（6）发生严重亏损的、应当披露持续经营的计划、未来经营的方案；

（7）对已在资产负债表和利润表中列示项目与企业所得税法规定存在差异的纳税调整过程；

（8）其他需要在附注中说明的事项。

第六章
关账前涉税风险自查

　　关账是在会计电算化里面的术语，指启用新账之前关闭之前月份的记账功能，关账当月不能做任何记账业务。关账前涉税风险核算主要集中在收入项目与成本费用项目上。

6.1　企业所得税涉税风险

　　企业所得税涉税风险核算主要集中在收入项目与成本费用项目上。根据《企业会计准则——基本准则》第十九条规定，企业对于已经发生的交易或者事项，应当及时进行会计确认、计量和报告，不得提前或者延后。另外，《中华人民共和国会计法》《中华人民共和国预算法》等规定，任何法人对各项收入都要及时进行核算，严禁截留、挪用，否则依照《关于违反财政法规处罚的暂行规定》对涉事单位和相关责任人员进行严肃处理。

6.1.1　关账前收入项目涉税风险核查

　　根据《中华人民共和国税收征收管理法》第六十三条规定：纳税人伪造、变造、隐匿、擅自销毁账簿、记账凭证，或者在账簿上多列支出或者不列、少列收入，或者经税务机关通知申报而拒不申报或者进行虚假的纳税申报，不缴或者少缴应纳税款的，是偷税。对纳税人偷税的，由税务机关追缴其不缴或者少缴的税款、滞纳金，并处不缴或者少缴的税款五倍以下的罚款；构成犯罪的，依法追究刑事责任。

　　所以，关账前财务人员要重点检查未开票收入是否入账，主要从以下三个方面进行检查：一是现金收入是否按规定入账；二是仅将开票部分入账；三是视同销售收入是否入账。

1. 现金收入是否按规定入账

　　财务人员应逐笔核对原始凭证，如发货单、提货单、送货单、现金盘点表等，发现未入账的现金收入应及时填制记账凭证，登记入账，以避免引发涉税风险。

一些企业出于偷漏税的考虑，往往会将部分收入隐匿不入账，以达到缩小税基，少交流转税、少交甚至不交所得税的目的。

2. 未开票收入管理要点

关账前，财务人员应重点排查未开票收入，即使没有开发票，也要确认收入，填制会计凭证，计提税款。财务人员应保留相关证据，如合同、收款记录；未开票收入不仅要做好申报，还应做好管理工作：如台账登记开票明细，后期补开票及时从台账中扣减，避免重复开票和纳税的情况。对已经确定不需要补开票的，财务上及时做收入处理。

未开票收入入账处理如下。

（1）销售发生时：

借：应收账款（或银行存款）

      贷：主营业务收入——未开票收入

           应交税费——应交增值税（销项税额）

（2）后期开具发票时：

借：主营业务收入——未开票收入

      贷：主营业务收入——××公司

3. 视同销售企业所得税政策规定

企业将资产移送他人的下列情形，因资产所有权属已发生改变而不属于内部处置资产，应按规定视同销售确定收入。

（1）用于市场推广或销售；

（2）用于交际应酬；

（3）用于职工奖励或福利；

（4）用于股息分配；

（5）用于对外捐赠；

（6）其他改变资产所有权属的用途。

6.1.2 成本费用项目涉税风险核查

成本费用项目引发的涉税风险主要为企业所得税前扣除。

1. 成本费用税前扣除法律依据

根据《中华人民共和国企业所得税法》第八条规定，企业实际发生的与取得收入有关的、合理的支出，包括成本、费用、税金、损失和其他支出，准予在计算应纳税所得额时扣除。扣除的依据就是发票，但有一些项目是无法获取发票的，所以国家税务总局为规范企业所得税税前扣除凭证，于2018年8月发布《企业所得税税前扣除凭证管理办法》（国家税务总局公告2018年第28号）规定，企业发生支出，应取得税前扣除凭证，作为计算企业所得税应纳税所得额时扣除相关支出的依据。

2. 税前扣除凭证分类

税前扣除的凭证分为内部凭证与外部凭证。内部凭证是指企业自制用于成本、费用、损失和其他支出核算的会计原始凭证，包括入库单、出库单、工资表、津贴表、差旅费补贴、误餐补助表、成本结算单。外部凭证是指企业发生经营活动和其他事项时，从其他单位、个人取得的用于证明其支出发生的凭证，包括但不限于发票（包括纸质发票和电子发票）、财政票据、完税凭证、收款凭证、分割单等。具体包括发票、完税凭证、分割单、财政收据（执法机关使用的罚没单据、行政事业性收费和政府性基金单据、非营利性医疗机构使用的医疗票据、基本医疗保险定点医疗机构和定点药店使用的票据、各类捐款收据）等。

以下这些以个人抬头的凭证可税前扣除：

（1）允许税前扣除的医药费票据（非统筹医疗单位）。

（2）机票和火车票，出差过程的人身意外保险费。

（3）符合职工教育费范围的职业技能鉴定、职业资格认证等经费支出。

（4）员工入职前到医疗机构体检的票据。

（5）企业为因公出差的员工报销个人抬头的财政收据的签证费。

（6）允许税前扣除外籍个人的住房补贴，员工凭发票实报实销，但由于是员工个人与业主签订租赁合同，发票抬头为个人。

3. 不得税前扣除的凭证

《企业所得税税前扣除凭证管理办法》（国家税务总局公告2018年第28号）第十二条规定，企业取得私自印制、伪造、变造、作废、开票方非法取得、虚开、填写不规范等不符合规定的发票，以及取得不符合国家法律、法规等相关规定的其他外部凭证，不得作为税前扣除凭证。

根据《发票管理办法》第二十一条规定，不符合规定的发票，不得作为财务报销凭证，任何单位和个人有权拒收。第二十二条规定，开具发票应当按照规定的时限、顺序、栏目，全部联次一次性如实开具，并加盖发票专用章。

以下发票不得作为税前扣除凭证。

（1）未正确填开付款方全称的发票。

主要包括未填写、填写错误或者填写简称等情形，其中填写简称的情形尤为突出。付款方全称应当与企业营业执照上的名称一致，不能用简称代替，如果企业名称确实太长，超过了税控机可以显示的字数，可以向当地主管税务机关申请备案规范的简称。

（2）变更品名的发票。

购买的商品与实际商品品名不一致，常见的有购买米面，发票品名填写办公用品等。

（3）票面信息不全或者不清晰发票。

发票上所有的项目都应当在开具时一次性如实填写，如果有填写不全或者填写不清楚的情形，企业有权拒收并要求对方重新开具发票。

（4）发票备注栏未备注。

无论是自开还是税务机关代开，都应在备注栏注明，详细内容在 6.2 节中介绍。

（5）虚开发票。

虚开发票是违法行为，常见情形主要有未发生业务却开具发票；虽发生业务但开具与实际业务不符的发票；由第三方代开发票等。

6.2　增值税发票涉税风险排查

根据《国家税务总局关于异常增值税扣税凭证管理等有关事项的公告》和《国家税务总局关于进一步做好纳税人增值税发票领用等工作的通知》等有关规定，国家税务总局决定开展增值税发票风险全链条快速反应工作。其主要内容为：税务机关利用税收大数据、风险指标模型及信息化管理手段，在发票领用、开具、抵扣（退税）等环节实时监控纳税人风险状况，评定风险等级或预警级别，并实施分类管理。

增值税发票分为专用发票和普通发票，发票开具、抵扣有规定。所有单位和从事生产、经营活动的个人在购买商品、接受服务以及从事其他经营活动支付款项，应当向收款方取得发票。取得发票时，不得要求变更品名和金额。

6.2.1 增值税专用发票

增值税专用发票由基本联次或者基本联次附加其他联次构成，分为三联版和六联版两种。基本联次为三联：第一联为记账联，是销售方记账凭证；第二联为抵扣联，是购买方扣税凭证；第三联为发票联，是购买方记账凭证。其他联次用途，由纳税人自行确定。纳税人办理产权过户手续需要使用发票的，可以使用增值税专用发票第六联。

1. 增值税专用发票的种类

增值税专用发票应按下列要求开具：项目齐全，与实际交易相符；字迹清楚，不得压线、错格；发票联和抵扣联加盖发票专用章；按照增值税纳税义务的发生时间开具。

不符合上列要求的增值税专用发票，购买方有权拒收。

一般纳税人销售货物、提供加工修理修配劳务和发生应税行为可汇总开具增值税专用发票。汇总开具增值税专用发票的，同时使用增值税发票开票软件开具《销售货物或者提供应税劳务清单》，并加盖发票专用章。

不符合规定的发票，不得作为税收凭证用于办理涉税业务，如计税、退税、抵免等。

2. 开具增值税专用发票需要的信息

购买方要求销售方开具增值税专用发票，需提供四项信息：名称（不得为自然人）、纳税人识别号、地址电话、开户行及账号。不需要提供营业执照、税务登记证、组织机构代码证、开户许可证、增值税一般纳税人登记表等相关证件或其他证明材料。销售方可去相应税务局官方网站查询采购方是否为一般纳税人。

若实际付款人（现金、刷卡、第三方支付平台等）属于其他个人，但要求开具专用发票的"购买方"为单位的，实务中一般不认为违背"三流一致"的原则。为了防止税务风险，涉及大宗采购时，可在"备注栏"注明实际付款人的名称和有效证件号码。

增值税纳税人购买货物、劳务、服务、无形资产或不动产，索取增值税专用发票时，须向销售方提供购买方名称（不得为自然人）、纳税人识别号或统一社会信用代码、地址电话、开户行及账号信息，不需要提供营业执照、税务登记证、组织机构代码证、开户许可证、增值税一般纳税人资格登记表等相关证件或其他证明材料。

6.2.2　增值税普通发票

销售方开具增值税普通发票的，如购买方为企业、非企业性单位（有纳税人识别号）和个体工商户，购买方栏的"名称""纳税人识别号"为必填项，其他项目根据实际业务情况需要填写。

购买方为非企业性单位（无纳税人识别号）和消费者个人的，"名称"为必填项，其他项目可根据实际业务情况填写。如果消费者能将上述信息准确提供给商家，就可以开具增值税普通发票，不需要向销售方提供纳税人识别号、地址电话、开户行及账号信息，也不需要提供相关证件或其他证明材料。

增值税普通发票包括以下几种。

1. 增值税普通发票（折叠票）

增值税普通发票（折叠票）由基本联次或者基本联次附加其他联次构成，分为两联版和五联版两种。基本联次为两联：第一联为记账联，是销售方记账凭证；第二联为发票联，是购买方记账凭证。其他联次用途，由纳税人自行确定。纳税人办理产权过户手续需要使用发票的，可以使用增值税普通发票第三联。

2. 增值税普通发票（卷票）

增值税普通发票（卷票）分为两种规格：57 mm×177.8 mm、76 mm×177.8 mm，均为单联。

经税务机关确认，纳税人可通过增值税发票开票软件开具印有本单位名称的增值税普通发票（卷票）。

3. 电子发票

电子发票指按照税务机关要求的格式，使用税务机关确定的开票软件开具的电子收付款凭证。电子发票有三类票面样式：增值税电子普通发票、收费公路通行费增值税电子普通发票，增值税电子专票。

增值税电子普通发票的法律效力、基本用途、基本使用规定等与税务机关监制的增值税普通发票相同。开票方和受票方需要纸质发票的，可以自行打印增值税电子普通发票的版式文件。

4. 收费公路通行费电子发票

收费公路通行费电子发票开具对象为办理 ETC 卡的客户，共分为两种：一是左上角标识"通行费"字样，且税率栏次显示适用税率或征收率的通行费电子发票；二是左上角无"通行费"字样，且税率栏次显示"不征税"的通行费电子发票。

《关于增值税发票管理等有关事项的公告》（国家税务总局公告第 33 号）规定 2020 年 2 月 1 日起，所有小规模纳税人可自开专票。

（1）所有小规模纳税人（其他个人除外）均可以选择使用增值税发票管理系统自行开具增值税专用发票。

（2）自愿选择自行开具增值税专用发票的小规模纳税人，税务机关不再为其代开。

（3）自愿选择自行开具增值税专用发票的小规模纳税人销售其取得的不动产，需要开具增值税专用发票的，税务机关不再为其代开。

增值税电子专用发票的推广范围，读者可参阅国家税务总局公告 2020 年第 22 号。

6.2.3 增值税发票备注栏填写

税务机关对增值税发票备注栏有明确的规定，具体内容见表 6-1。

表 6-1 增值税发票备注栏填写

业务情形	备注栏	政策依据
税务局代开专业发票	填写"增值税纳税人的名称和纳税人识别号"	国税发〔2004〕153 号
差额征税，且不得全额开具发票	填写"差额征税"字样	国家税务总局公告 2016 年第 23 号

业务情形	备注栏	政策依据
建筑服务	填写"建筑服务发生地县（市、区）名称及项目名称"	国家税务总局关于全面推开营业税改征增值税试点有关税收征收管理事项的公告国税发〔2016〕23号
销售和出租不动产	填写"不动产的详细地址"	
为跨县（市、区）提供不动产经营租赁服务、建筑服务的小规模纳税人（不包括其他个人），代开发票	填写"YD"字样	
代开销售或出租不动产发票	填写纳税人的名称、纳税人识别号（或组织机构代码）、不动产的详细地址注：核定征收的，注明核定计税价格，实际成交含税价格××	《国家税务总局关于加强国家税务总局、地方税务局互相委托代征税收的通知》税总函〔2016〕145号
出口业务（国内生产企业向代办退（免）税的综合服务企业开具发票）	填写"代办退税专用字样"	《国家税务总局关于调整完善外贸综合服务企业办理出口货物退（免）税有关事项的公告》（税总公告〔2017〕年第35号）
单用途卡，销售方开具增值税普通发票	填写"收到预付卡结算款"	国家税务总局公告2016年第53号
多用途卡，特约商户向支付机构开具增值税普通发票		
货物运输服务	填写"起运地、到达地、车种车号以及运输货物信息等"（内容较多可另附清单）	国家税务总局公告2015年第99号
互联网物流平台企业，按3%的征收率代开专票业务使用自有系统	填写"会员的纳税人名称和统一社会信用代码（或税务登记证号码或组织机构代码）"	税总函2017年579号
保险机构代收车船税开具发票	填写"车船税税款信息：保险单号、税款所属期（详细至月）、代收车船税金额、滞纳金金额、金额合计等"	国家税务总局公告2016年第51号
保险企业为个人保险代理人汇总代开发票	填写"个人保险代理人汇总代开"	国家税务总局公告2016年第45号

增值税发票备注栏填写若不符合规定，则被税务机关认定为不合规发票，不能作为抵扣凭证。以下内容是对增值税、企业所得税、土地增值税的影响。

（1）对增值税的影响：根据《中华人民共和国增值税暂行条例》第九条规定，纳税人购进货物、劳务、服务、无形资产、不动产，取得的增值税扣税凭证不符合法律、行政法规或者国务院税务主管部门有关规定的，其进项税额不得从销项税额中抵扣。

（2）对企业所得税的影响：根据国家税务总局关于发布《企业所得税税前扣除凭证管理办法》的公告（国家税务总局公告 2018 年第 28 号）第十二条规定，企业取得私自印制、伪造、变造、作废、开票方非法取得、虚开、填写不规范等不符合规定的发票，以及取得不符合国家法律、法规等相关规定的其他外部凭证，不得作为税前扣除凭证。

（3）对土地增值税的影响：根据《国家税务总局关于营改增后土地增值税若干征管规定的公告》（国家税务总局公告 2016 年第 70 号）第五条规定，营改增后，土地增值税纳税人接受建筑安装服务取得的增值税发票，应按照《国家税务总局关于全面推开营业税改征增值税试点有关税收征收管理事项的公告》（国家税务总局公告 2016 年第 23 号）规定，在发票的备注栏注明建筑服务发生地县（市、区）名称及项目名称，否则不得计入土地增值税扣除项目金额。

6.2.4　增值税专用发票认证不符的税务风险

实务中，发票认证主要有以下几种方式：一是网上"勾选认证"；二是自购终端"扫描认证"；三是去办税大厅"扫描认证"。

根据《关于扩大小规模纳税人自行开具增值税专用发票试点范围等事项的公告》（国家税务总局公告 2019 年第 8 号）规定，从 2019 年 3 月 1 日起，勾选认证不再限制于纳税信用 A 级、B 级、C 级、M 级的增值税一般纳税人，而是扩大到所有一般纳税人（包括 D 级）。可勾选认证的增值税发票包括：增值税专用发票、机动车销售统一发票、收费公路通行费增值税电子普通发票。

增值税专用发票认证存在以下问题：

（1）认证不符。

发票的认证是指税务机关对纳税人取得的防伪税控系统开具的专用发票抵扣联，利用扫描仪自动采集其密文和明文图像，运用识别技术将图像转换成电子数据，然后对发票密文进行解密，并与发票明文逐一核对，以判别其真伪的过程 。通过认证的发票可以抵扣进项税额。

所谓认证不符是指打印在增值税专用发票抵扣联票面上的密文，经解密后的数据与同一增值税专用发票票面上的"发票代码""发票号码""开票时间""购货方纳税人识别号""销货方纳税人识别号""金额""税额"等数据有一项或多项不符，或增值税专用发票购货方纳税人识别号与所申报企业纳税人识别号不一致。

（2）重复认证。

重复认证是指企业拿已经认证相符的发票抵扣联，再次到税务机关进行认证。

（3）无法认证。

无法认证是指打印在增值税专用发票抵扣联票面上的密文或票面上的"发票代码""发票号码""开票时间""购货方纳税人识别号""销货方纳税人识别号""金额""税额"等七项数据有一项或多项由于污损、褶皱等原因无法辨认，导致防伪税控认证子系统不能产生认证结果。

（4）纳税人识别号认证不符。

纳税人识别号认证不符是指发票所列购货方纳税人识别号与申报认证企业的纳税人识别号不符。

（5）比对不符。

比对不符是指发票抵扣联与发票存根联数据的开票日期、购货单位纳税人识别号、销货单位纳税人识别号、金额合计、税额合计五要素中存在不同。不符的优先级次序为：税额、金额、购货单位纳税人识别号、销货单位纳税人识别号、开票日期。

（6）缺联。

缺联是指系统内有抵扣联而无存根联并且按法规不需留待下期继续比对的发票。

（7）抵扣联重号。

抵扣联重号是指系统内存在两份或两份以上相同发票代码和号码的发票抵扣联。

（8）失控。

失控是指在与全国失控、作废发票库比对中发现属于失控发票的抵扣联。

（9）作废。

作废是指在与全国失控、作废发票库比对中发现属于作废发票的抵扣联。

（10）缺红字抵扣联。

缺红字抵扣联是指系统内有红字存根联而无红字抵扣联并且按法规不需留待下期继续比对的发票。

对于以上认证中发生的问题，相关政策规定如下：

《国家税务总局关于金税工程增值税征管信息系统发现的涉嫌违规增值税专用发票处理问题的通知》（国税函〔2006〕969号）规定，防伪税控认证系统发现涉嫌违规发票分为无法认证、认证不符、密文有误、重复认证、认证时失控、认证后失控和纳税人识别号认证不符（发票所列购买方纳税人识别号与申报认证企业的纳税人识别号不符）等类型。从2006年5月1日起，属于无法认证、纳税人识别号认证不符和发票代码号码认证不符（密文与明文相比较，发票代码或号码不符）的发票，不得作为增值税进项税额的抵扣凭证。税务机关应将发票原件退还企业，企业可要求销售方重新开具。属于重复认证、密文有误和认证不符（不包括发票代码号码认证不符）、认证时失控和认证后失控的发票，暂不得作为增值税进项税额的抵扣凭证，税务机关扣留原件，移送稽查部门作为案源进行查处。经税务机关检查确认属于税务机关责任以及技术性错误造成的，允许作为增值税进项税额的抵扣凭证；不属于税务机关责任以及技术性错误造成的，不得作为增值税进项税额的抵扣凭证。

《国家税务总局〈关于修订增值税专用发票使用规定〉的通知》（国税发〔2006〕156号）进一步明确了上述规定。增值税专用发票稽核系统发现涉嫌违规发票分为比对不符、缺联和作废等类型。凡属于上述涉嫌违规的发票，暂不得作为增值税进项税额的抵扣凭证，由税务管理部门按照审核检查的有关规定进行核查，并按有关规定进行处理。经税务机关检查确认属于税务机关责任以及技术性错误造成的，允许作为增值税进项税额的抵扣凭证；不属于税务机关责任以及技术性错误造成的，不得作为增值税进项税额的抵扣凭证。

6.2.5　虚开增值税发票的风险防控

开具增值税发票，要关注"三流一致"。所谓"三流"是指货物流、资金流、发票流。"三流一致"是指货物（或提供劳务的单位）、资金（所支付款项的单位）、发票（开具抵扣凭证的销货单位）的流向必须一致，否则不得抵扣增值税进项税额。在涉及增值税应税劳务、应税服务的情况下，货物流可能会被解释成劳务流、服务流。

一是"货物流"的把控。通过分析销货方（或购货方）生产报表中的原材料消耗量、耗电量等指标，推算企业的产品产量（或入库商品）是否属实。将货物出库单（或入库单）、货运单据等与企业留存的发票各联相核对，确认增值税发票中的内容是否属实。

二是"资金流"的把控。将银行存款账、销售收入账、生产成本账，往来账相核对，从资金流的角度，核实增值税发票的金额是否与实际情况相符。

三是"发票流"的把控。将销货方存根联、记账联与购货方的发票联、抵扣联相核对，看发票中的项目是否一致，将购销双方的会计账目以及货物出库单、入库单、货运单等相核对，从时间、数量、金额等方面，检查有无异常情况。将销货方或购货方留存的增值税发票、纳税申报表与税务机关的税控系统内的数据相核对，重点核实发票号、缴税时间、数量、金额等项目是否与税务机关系统内的相关内容相吻合。

总之，防控虚开增值税发票的风险，重点在核实增值税发票内容的真实性，手段是借鉴"三流一致"的原则要求。

有的企业管理精细，把"合同流"也作为控制的重点，这样更能在过程中防止虚开风险。实务中，出现合同和付款不一致，可以签订三方协议约定执行。签订合同时，一定要注意细节问题和兜底条款，规定对方开专票还是普票，开专票的税率、含税金额、付款方式、银行账户名称、最主要是货物运输方式。另外，建议合同加入条款：因对方开具的发票造成的损失，由对方承担责任。

金税三期系统从企业使用专用发票的数量上判断是否存在虚开发票的问题，利用指标分析这家企业增值税专用发票用量变动异常。

（1）计算公式：指标值＝一般纳税人专票使用量－一般纳税人专票上月使用量

（2）原因：增值税专用发票用量骤增，除正常业务变化外，可能有虚开现象。

（3）预警值：纳税人开具增值税专用发票超过上月30%（含）并超过上

月 10 份以上。

（4）检查重点：检查纳税人的购销合同是否真实，检查纳税人的生产经营情况是否与签订的合同情况相符并实地检查存货等。主要检查存货类科目"原材料"和"产成品"、货币资金类科目"银行存款"和"现金"以及"应收账款"和"预收账款"等科目。

税务局对未取得发票企业的处理

企业采购物品，未按规定取得合规的票据，税务机关检查时有可能按照《中华人民共和国发票管理办法》及实施细则予以处罚。

国家税务总局公告 2019 年第 38 号对异常发票管理做了更严格的细化规定：

（1）对于非 A 级纳税人，取得异常发票的，一律不得抵扣或出口退税。已经抵扣的（包括免抵退），先行转出进项税额。已经按照出口免退税（而非免抵退）退税的，追回已退税款。

（2）非 A 级纳税人按照（1）处理完毕后，可以提交税务机关相应证据，证明交易的真实性，经税务机关认可后恢复发票的合法性，从而恢复抵扣专用发票进项税额或出口退税。

（3）A 级纳税人，可以直接按照（2）处理，而无须不论三七二十一按（1）作先行转出或补税处理。

（4）涉及购进应税消费品扣除消费税的，参照增值税执行。

6.3　税务检查

税务检查包括日常检查和税务稽查。税务检查一般是每年的 6 月至 12 月，日期不固定。如果通过金税三期系统预警指标发现企业有问题，税务稽查组随时上门检查。

6.3.1　税务检查的项目和范围

1. 税务检查的项目

税务检查的项目如下：

（1）检查纳税人的生产经营管理和经济核算情况。

（2）检查纳税人遵守财经纪律和财会制度的情况。

（3）检查纳税人执行国家税收政策和税收法规的情况。

（4）检查纳税人遵守和执行税收征收管理制度的情况。

2. 税务检查的主要范围

（1）检查纳税人的账簿、记账凭证、报表和有关资料，检查扣缴义务人代扣代缴、代收代缴税款账簿、记账凭证和有关资料。

（2）到纳税人的生产、经营场所和货物存放地检查纳税人应纳税的商品、货物或者其他财产，检查扣缴义务人与代扣代缴、代收代缴税款有关的经营情况。

（3）询问纳税人、扣缴义务人与纳税或者代扣代缴、代收代缴税款有关的问题和情况。

（4）责成纳税人、扣缴义务人提供与纳税或者代扣代缴、代收代缴税款有关的文件、证明材料和有关资料。

（5）到车站、码头、机场、邮政企业及其分支机构检查纳税人托运、邮寄应纳税商品、货物或者其他财产的有关单据、凭证和有关资料。

（6）经县以上税务局（分局）局长批准，凭全国统一格式的检查存款账户许可证明，查询从事生产、经营的纳税人、扣缴义务人在银行或者其他金融机构的存款账户。税务机关调查税收违法案件时，经设区的市、自治州以上税务局（分局）局长批准，可以查询案件涉嫌人员的储蓄存款。

税务检查通知书如下：

税务局（稽查局）

税务检查通知书

税检通二（　）号

_____ ：

根据《中华人民共和国税收征管法》第五十七条规定，现派_____ 等 ___ 人，前往你处对_____ 进行调查取证，请予支持，并依法如实提供有关资料及证明材料。

税务机关（签章）

年　月　日

告知：税务机关派出的人员进行税务检查时，应当出示税务检查证和税务检查通知书，并有责任为被检查人保守秘密。未出示税务检查证和税务检查通知书时，被调查人有权拒绝为税务机关提供有关资料及证明材料；有权拒绝协助税务机关调查取证。

6.3.2　税务检查目标企业名单的筛选

税务检查企业名单一般通过抽查确定。

抽查的方法可以分为两种：一种是定向抽查，另一种是不定向抽查。

（1）定向抽查是指按照税务稽查对象类型、行业、性质、隶属关系、组织架构、经营规模、收入规模、纳税数额、成本利润率、税负率、地理区域、税收风险等级、纳税信用级别等特定条件，通过摇号等方式，随机抽取确定待查对象名单，对其纳税等情况进行稽查。随机抽取为"双随机（随机抽取检查对象、随机选派检查人员）"，其中长期纳税申报异常企业、税收高风险企业、纳税信用级别低的企业、多次被检举有税收违法行为的企业、相关部门列明违法失信联合惩戒企业等异常类型对象将被列入税务稽查异常对象名录库，对列入税务稽查异常对象名录库的企业，会加大抽查力度，提高抽查比例和频次。

抽查比例与频次规定如下：

A. 对市级和区级重点税源企业，采取定向抽查与不定向抽查相结合的方式，每年抽查比例 20％左右，原则上每 5 年检查一轮。

B. 对非重点税源企业，采取定向抽查为主，辅以不定向抽查的方式，每年抽查比例不超过 3％；

C. 对非企业纳税人（个体工商户），主要采取不定向抽查方式，每年抽查比例不超过 1％；

D. 对列入税务稽查异常对象名录库的企业适当提高抽查比例和频次；

E. 3 年内已被随机抽查的税务稽查对象，不列入随机抽查范围。

（2）不定向抽查是指不设定条件，通过摇号等方式，随机抽取确定待查对象名单，对其纳税等情况进行稽查。

抽查关键在于随机，符合下列情形之一的随机抽查对象，应当列入随机抽查对象异常名单：

（1）税收风险等级为高风险的。

（2）两个年度内两次以上被检举且经检查均有税收违法行为的。

（3）受托协查事项中存在税收违法行为的。

（4）长期纳税申报异常的。

（5）纳税信用级别为 D 级的。

（6）被相关部门列为违法失信联合惩戒的。

通过金税三期系统对企业涉税数据进行分析，得出企业经营异常的判断，这一类企业也会被放到"税务稽查"数据库中，企业税负异常会作为稽查选案的重要指标。税务局在风险分析和识别中发现并推送的高风险纳税人风险信息。

在实施检查时，税务部门检查人员一般一组2人，会向被查企业出示税务检查证和《税务检查通知书》。检查人员通过实地检查、询问、调取账簿资料、提取证据原件、调研空白发票、调取发票原件、检查电子信息系统、检查存款账户、储蓄存款等方式开展检查。

企业不仅要做好平时的风险控制，也要冷静地做好稽查的应对，积极配合税务检查。

参 考 文 献

[1] 企业会计准则编审委员会. 企业会计准则详解与实务 ［M］. 北京：人民邮电出版社，2018.

[2] 小企业会计准则编审委员. 小企业会计准则案例详解与实务 ［M］. 北京：人民邮电出版社，2018.

[3] 朱峰，李铭元. 零基础学做账 ［M］. 北京：电子工业出版社，2017.

[4] 财政部会计资格评价中心. 初级会计实务 ［M］. 北京：中国财政经济出版社，2018.

[5] 全国会计专业技术资格考试专用教材编委会. 中级会计实务 ［M］. 北京：中国财政经济出版社，2018.

[6] 宋娟. 财务报表分析从入门到精通 ［M］. 北京：机械工业出版社，2014.

[7] 李宪隆，刘文学. 跟我学做账 ［M］. 北京：中国铁道出版社，2013.